読みなおす日本史

元禄人間模様

変動の時代を生きる

竹内 誠

吉川弘文館

目　次

第一章　かぶく世界

「天下一」の禁令

「天下一」ブランドの氾濫

天和《てんな》二年（一六八二）七月に、ちょっと奇妙な幕府の触《ふれ》が出た。「天下一」という文字を、商品や看板等にこれからは記してはならないというのである。いってみれば、天下一の禁止令である。

天下一の字、書《かき》つけ、彫《ほり》つけ、鋳《い》つけ候義、今より以後、御法度に候間、向後《こうご》何によらず天下一の字、つけ申すまじく候。勿論、只今まで有り来り候鑑判・鋳形・板木・書付等まで、早々削り取り申すべく候。もし違背仕る者これあるにおいては、急度《きつと》曲事《くせごと》に申し付くべき者也。

どうやらこの頃、天下一の文字を商品や看板等に記すことが大いに流行したらしい。天下一とは最高級の意味であろうから、商品や製作者の権威づけに役立ち、そしてその商品の販売促進に大いに寄与したのである。

いま具体的に、壺焼塩を例にみてみよう。壺焼塩とは、壺にいれて蒸し焼きにして生産された純白の塩のことで、湯呑茶碗ぐらいの大きさの素焼の壺に入ったまま販売され、上等な食塩として珍重された。いわば食卓塩のようなものである。和泉国の大島郡湊村（堺市西湊町・東湊町・出島町）と、南郡麻生村（貝塚市麻生中）で生産され、この地域の名物として各地に売り出されていた。

『堺鑑』によれば、湊村での焼塩商人は藤左衛門という人で、承応《じようおう》三年（一六五四）に女院御所、桂離宮を造った東福門院より、「天下一」の美称をもらい、焼塩の壺に「天下一堺みなと藤左衛門」の刻印を捺して販売した。ついで延宝《えんぽう》七年（一六七九）には、鷹司《たかつかさ》家から伊織の名を拝領し、焼塩の壺の刻印を「天下一御壺塩師　堺みなと　伊織」と改めたという（渡辺誠「焼塩壺」『江戸の食文化』所収）。

このように、焼塩の壺に天下一の刻印を捺したことにより、焼塩のブランド品として、一層堺の壺焼塩は売れたに相違ない。今日の東京における江戸遺跡から、堺の焼塩壺が数多く出土していることからも、当時江戸でさかんに購入されていたことが裏付けられる。

しかも、千代田区東神田の都立一橋高校遺跡や、文京区本郷の東京大学遺跡等からは、「天下一堺みなと　藤左衛門」や、「天下一御壺塩師　堺みなと　伊織」という、天下一の刻印のある焼塩壺そのものが発掘されている。

なお一橋高校遺跡からは、「天下一金益作」という銘のある銅製の柄鏡《えかがみ》も出土している。焼塩壺だけでなく、銅鏡製作の職人も天下一を称していたのである。

『袂草』という書によれば、同じ頃、烏丸光広は、風炉師善四郎、素焼師八太《はった》、塗師宗哲、表具師大倉の四人に、天下一の美称を与えたという。いずれも烏丸家の出入りの職人であろう。

寛永期の都市江戸を描いたといわれる「江戸名所図屛風」（出光美術館蔵）には、躍動する庶民が生き生きと描かれているが、文字情報がほとんどない。しかし、この屛風を拡大鏡で丹念に調べてみると、中橋の南側橋詰の一場面に文字が記されているのを発見した。二人の銭両替屋が筵《むしろ》にすわっており、緡《さし》に通した銭が並べられている。その脇に、ひょうたんに串をさしたような形のものがみえる。これは商売道具の棹秤《さおばかり》入れであり、そこになんと、「天下一」と墨書されている。

この秤は、京都の秤師である神善四郎《じんぜんしろう》が製作したものと思われる。神家の由緒書によれば、徳川家康に秤を献上したところ、「天下一の細工人」と賞され、以後、天下一を号したとある。「江戸名所図屛風」にみえる秤入れに墨書された天下一は、まさに神善四郎の秤であることを物語っている。なお神の秤に用いる分銅にも、天下一の文字が刻まれていたという。

天下一は、最高級の技《わざ》を誇示した言葉であり、商品ならば、極めつきのブランド商品ということになろう。ともあれ、こうした天下一の流行に対し、冒頭に述べたように、幕府は天和二年に、「天下一の字、書つけ、彫つけ、鋳つけ候義、今より以後、御法度」と、禁じた。

綱吉のこだわり

確かに、天下一と銘うつ商品が氾濫し、看板などに乱用されたため、誇大広告の弊害が現実に生じ、幕府はその弊害を除去するためにこの禁令を発したという面もあろう。

しかしその背景には、新将軍綱吉《つなよし》の施政方針があったように思われる。すなわち、天和二年は綱吉が五代将軍に就任して、まだ二年目のことである。綱吉は、四代将軍家綱がロボット化し、実権が一部の譜代大名に掌握されていることに反発し、将軍就任早々から、将軍こそ最高の権威者であり権力者であることを誇示する政策を次々に打ち出した。綱吉のいわゆる元禄政治は、将軍専制体制を樹立するための施政であった。

天下一の禁令は、その政策の一環に位置づけられよう。綱吉の考え方からすれば、天下一は、将軍一人でよいのである。町人や職人が、やたらと天下一を称することは、時代の流動性を容認することになる。極端にいえば、下剋上《げこくじょう》の風潮を助長することにもなりかねない。天下一にだれでもがなれるということは、将軍を頂点とする安定した社会を構築しようとする綱吉にとっては、ゆゆしき問題である。そこで綱吉は、将軍就任早々に、天下一を称することを堅く禁じたのである。

その結果、前述の焼塩壺の刻印も、以後は天下一の文字が消え、単に「御壺塩師　堺湊伊織」などとなった。また戸田茂睡《もすい》の『御当代記』天和二年八月の条に、「天下一の書付無用なり。（中略）黒塗り・木地のかんばんには、天下一と云《いう》文字を消し、あるひは紙にてはりかくす。諸人のいはく、天下一消、いまいましいといふ」とあり、この触が徹底したことが知られる。

ただし民衆の側からいわせれば、商品経済の進展に伴ない、商品の販売促進をさまざまな形で行おうとすることに権力から水をさされ、「いまいまし」という心境であったろう。なお天下一の美称の授与を、京都の公家がさかんに行なったことに対する綱吉の危惧も、天下一の禁令の一つの背景として考えられる。

かぶき者の横行

町中の喧嘩

戦国の余風いまだおさまらぬ江戸初期のこと、新しい徳川社会の秩序からはみ出た牢人らを中心に、異様な服装で遊侠《ゆうきよう》的な行動を誇示した「かぶき者」が、市井を横行した。髪を大立髪《おおだてがみ》に結い、おおげさなあご髭をたくわえ、腰には大刀《たち》を帯びるなどの派手な姿が、衆目をあつめた。

「かぶき」という語は、「傾く」という動詞から出た言葉で、「傾奇」とも書かれたように、常軌を逸した風俗や行為を意味した。江戸時代に発達した演劇の「歌舞伎《かぶき》」も、実はこの「傾く」の名詞形が語源である。阿国《おくに》がはじめた「かぶき」は、まさに常態から傾いた異装・異形の風俗を、舞台に移して踊り演じた芸であった。

なお、阿国も「天下一」を名乗って客を集めていた。妙法寺本「洛中洛外《らくちゅうらくがい》図屏風」に、北野社境内での阿国のかぶき踊りの舞台が描かれているが、その櫓幕に「天下一」と書かれている。また桑名の太田古清の日記『慶長自記』に、阿国は「かぶきの開山にて天下一のよし申候」とある。

前述のかぶき者たちは、徒党をくみ、男伊達《おとこだて》を競いあい、信義のためには一命を惜しまぬ気風があった。かれらは体制内に安住せず、権威に抗しても意地を通そうとする者たちであり、為政者の目からすれば、無頼の徒であり、無法者であった。事実、かれらがしきりに起こす刃傷《にんじょう》沙汰《ざた》や喧嘩《けんか》沙汰は、一般民衆にも随分迷惑をかけた。

しかし反面、かれらの権威を恐れぬ行動は、反体制的な色彩をもつものとして、民衆のなかにはこれに共感を示す者も多かった。のちに初代市川団十郎が、金平浄瑠璃《じょうるり》の演劇と、かぶき者の風俗とをとり入れて荒事《あらごと》を創始し、大いに人気を博したのも、そうした背景があったからである。

前記の「江戸名所図屏風」には、長い戦乱を経て、ようやく太平の世が開かれた安堵感が随所にあふれている。しかし、右隻第六扇には、周囲のそうした情況とは雰囲気を異にする、刀を抜いた殺伐とした喧嘩の場面が描かれている。

喧嘩をしている者は十数人、いずれも武士で二手の集団に分かれているが、片肌や両肌を脱いでの真剣勝負である。若衆同士も派手に立ち回っている。総髪に茶筅髷《ちゃせんまげ》のあらくれ者や、はでな朱塗の鞘《さや》をさす若衆らは一種のかぶき者であろう。

路上だから、通行人に迷惑をかけること甚だしい。喧嘩のあおりで馬があばれ、落馬する者がいたり、講釈師らしき人物が喧嘩に巻きこまれ日傘を壊されている。右手の方には三人の女性が逃げまどい、左手の方でも被衣《かずき》姿の女性が押し倒されたらしく、付き添いの女性が抱き起こしている。すぐ側の橋の上では、傀儡《くぐつ》師らが、喧嘩のとばっちりで転んでいる。

かぶき者の禁令

寛永《かんえい》以後も、かぶき者の横行は絶えなかった。当初は中間《ちゆうげん》・若党などの武家奉公人や牢人《ろうにん》たちが、かぶき者の中心勢力であったが、やがて町人のなかにもそれを真似《まね》する者たちが大勢出てきた。すなわち、慶安《けいあん》元年（一六四八）の江戸町触をみれば、そのことがよくわかる。

町人長刀《ながかたな》ならびに大脇差《おおわきざし》をさし、奉公人の真似《まね》を仕《つかまつ》り、かぶきたる躰《てい》をいたし、がさつ成《な》る儀ならびに不作法《ぶさほう》成る者これあるに付いては、御目付衆御見廻り見合《みあい》次第御捕え、曲事《くせごと》に仰せ付けられ候。

武家奉公人の真似をして、長い刀や大きな脇差を差し、かぶきたる恰好をし、「がさつ」（粗暴な言動）や「不作法」（無作法）をなす町人は、見付け次第捕えて厳罰に処すという内容である。この触は、これ以前にも出したとあり、はじめての触ではない。

この慶安元年の翌二年にも、全十一か条の御法度のなかに、「一、町人長かたな・大脇差さし申す間敷事《まじき》」と「一、町人かぶきたる躰仕る間敷事」の二か条がある。さらにその三年後の承応元年（一六五二）には、慶安元年の町触と同文のものが触れられている。

このように、かぶき者禁止の町触がくりかえし出されているということは、触の効果がほとんどなく、事態が変わらなかったことを意味している。武士だけでなく、町人のなかからもかぶき者が大勢あらわれ、路上の平和はなかなか保てなかった。旗本奴《やっこ》と町奴との対立抗争も、こうした流れのなかで生じたといえよう。

くだって寛文《かんぶん》五年（一六六五）の江戸町触をみると、「町中におとこだて仕り候わかきものこれあり、方々にて理不尽《りふじんな》成る義を申しかけ、あばれ候由、（中略）左様の徒者《いたずらもの》これあり候はば、早々両御番所え申し上ぐべく候」とある。男伊達を気取る若者が理不尽ないいがかりをつけては喧嘩をうっているので、これを取り締まる内容である。

それより以前の寛文二年の町触に、「町人若き者、大びたい取る者これある由に候間、今より以後、無用に仕るべき事」とあり、男伊達の若者たちの流行の髪型は、大額《おおびたい》、つまり額をひろく剃り、角《すみ》のところを細く尖らせて抜きあげたものだったようである。

彼らは、ちょっとしたことでも喧嘩のたねにしてあばれまわった。当時の江戸町触には、喧嘩を禁じる条文が、くりかえしくりかえし出されている。しかも町人とて、すぐ刃物をふり回す。したがって、「町人刀を帯し、江戸中徘徊、弥《いよいよ》堅く無用たるべし」という内容の触も頻発された。

綱吉が五代将軍に就任したのは延宝八年（一六八〇）七月であるが、その年の十二月に、男伊達の若者は御法度である旨の町触を発している。綱吉の時代になっても、まだ戦国の殺伐とした風潮の余風がのこっていたのである。この風潮は江戸だけでなく、京都や大坂などでも同様であったと思われる。

綱吉は、これに対して本格的な弾圧を行うことになる。綱吉の施政を賞誉した『常憲院殿御実紀附録』には、「この御代までは、戦国の余習のこりて、神祇《じんぎ》組、鶺鴒《せきれい》組など号し、旗下の士、または市《し》井無頼《せいぶらい》のともがら、党を結び類を分ち、游俠《ゆうきょう》を事として、睚眦《すいし》の怨《うらみ》を報じ、府下に横行して、政教を害するもの少なからず。よて貞享三年の頃、その徒二百余人を追捕して、魁首《かいしゅ》十一人を大辟《たいへき》に処せられしかば、その風大《ふうおおい》におとろへけり」とある。

すなわち、綱吉施政六年目の貞享《じょうきょう》三年（一六八六）の頃、幕府は江戸の無頼の徒二百名余りを一斉検挙し、その中心人物十一人を極刑に処すという、大弾圧を行っている。その結果、殺伐とした戦国の余風は大いに衰えたというのである。

かぶく世界の終焉は、文治政治が展開した元禄《げんろく》時代を経過するなかで実現した。

刃傷沙汰の世

諍いから切り合いへ

元禄という時代を生きた同時代人の記録が、今日いくつか残されている。同時代人の記録であるから、後世の編纂物よりは、信憑性という点だけでなく、当代の雰囲気をより生々しく伝えてくれているように思う。ここでは、尾張《おわり》藩士の朝日重章が著わした『鸚鵡籠中記《おうむろうちゆうき》』と、著者不詳の『世間咄風聞集《せけんばなしふうぶんしゆう》』によって、元禄の世相の一つの大きな特色を紹介することにしよう。なお引用は、いずれも岩波文庫本の『摘録鸚鵡籠中記』と、『元禄世間咄風聞集』である。

両書ともに、当時の世間の噂話を丹念に書き留めている。これを読んで気付くことは、喧嘩口論に関する記事が実に多い点である。しかも多くの場合、単なる喧嘩口論に終わらず、刃傷沙汰になって人の死に至るという殺伐とした話である。

『鸚鵡籠中記』の記事によれば、貞享三年八月のこと、江戸市谷八幡の近所で、松平左京太夫の家来大村助十郎が馬乗して通行中、その馬の口取りが、むこうからやってきた子に接触してころばせた。その子（大草源右衛門の子）のお供についていた奉公人と、馬の口取り、さらにはその主人の大村助十郎と喧嘩になった。当然、どちらが不注意だったかといった種類の単純な口喧嘩がその発端であろう。

ところが口喧嘩だけではすまず、とうとう双方とも抜刀し切り合いの事態となった。お供の奉公人は、武士の大村助十郎に対してよく善戦し、疵を負わせたが、結局は切り殺されてしまった。路上での騒ぎに大勢の町人が出て、喧嘩を止めさせようとし、さらに官に通報もした。公けになることをきらってか、大村助十郎は役人がくる前に近所の寺に入り、そこで切腹して果てたという。相手を切り殺した場合、よほど正当な理由がなければ、喧嘩両成敗で処罰されることを、助十郎は知っての上の切腹であったかも知れない。それにしても、随分つまらぬことで命を捨てたものである。

元禄元年四月三日の記事によれば、尾張藩の江戸藩邸で、「中将様（徳川綱誠《つなのぶ》）新御屋敷の奉行服部十太夫、大野弥次左衛門喧嘩、相死す」とあり、理由は記していないが、喧嘩して両者ともに死んだというのである。服部十太夫は、その前日の二日にお役御免となり、小普請組に左遷されているので、出世競争に破れての刃傷沙汰かとも思われる。もっとも『鸚鵡籠中記』の著者朝日重章は、「弥次左衛門儀は、女房も中将様より下され、諸事振る廻い能《よ》く候えども、人がらは十太夫方宜《よろ》しきよし」と、服部十太夫の肩をもつ噂を記している。

農民の刃傷事件

武士だけではない。当時は百姓の世界でも切ったはったがあった。同じく『鸚鵡籠中記』の元禄四年十二月二十七日の記事に、美濃国多芸郡たき村の百姓与右衛門の話がある。与右衛門は、もとは百姓の奉公人として働いていたが、やがて蓄財し独立して今は富農となり、立派な屋敷を構えていた。その身は七十五歳、三人の男子にも恵まれ、三番目の子の嫁に、同じ村の惣右衛門（格式のある富農と推察される）の娘を迎えることになった。

十二月二十六日、仲人が娘の家に迎えに行き、娘が馬に乗って与右衛門の家に向かう途中で事件が起きた。同じ村の百姓の紋右衛門と左五右衛門の家の前を通り過ぎようとしたとき、この二人が「棒を提《ひっさ》げて道に跨《また》がり、大いに声を振りて、そのなりあがりの与右衛門所へ行く娘の分にて、身どもが門外を乗打《のりうち》するは言語同断《(ママ)》なり、急ぎ馬よりおりよ」と、はげしくののしった。傍らにいた仲人の権兵衛はたいへん困惑し、一生懸命言葉を尽して理解をもとめたが、二人はどうしても合点してくれなかったので、止むを得ず娘を馬からおろしてそこを通った。

この事を聞いた与右衛門は大いに立腹し、翌二十七日の朝、与右衛門と息子三人、それに奉公人らで合わせて八人が、「肌に鎖帷子《くさりかたびら》を着」し刀を持って、紋右衛門の家に押し入った。ちょうど紋右衛門宅には昨日の話をしにきていた左五右衛門もいたので、この二人をはじめ防戦した家の者たち四人、合わせて六人が与右衛門らに切り殺された。

襲撃した与右衛門側には一人の負傷者も出ず、事を成し遂げたあと、全員静かに与右衛門宅に引き揚げた。そして帰宅した与右衛門は、「思う子細ありとて、立ちながら腹を切る。残りは皆岩崎村の籠獄に入る」と記して、この記事を結んでいる。

三番目の息子に嫁を迎えるということは、多分、上の二人の息子にはすでに嫁がいたということであろうから、これで与右衛門家は磐石ということになる。おそらく与右衛門は、若い時からの苦労が実って、まさにこのときが幸福の絶頂であったろう。紋右衛門と左五右衛門のいやがらせも、じっと我慢すれば、彼らとのわだかまりも、やがて時が解決してくれたかも知れない。

しかし与右衛門は我慢できなかった。それには成り上がり者である彼に対する、日頃からの周囲の批判や、いやがらせの蓄積が、その背景にあったことであろう。ただそれだけではなかったように思う。それは嫁の実家の惣右衛門家に対する面子である。この一件で惣右衛門家の村内における立場等、大きな迷惑をかけたという思いが、与右衛門にはあったであろう。それは自分の家の村内における立場にも通じる。実よりも名を重んじたのである。

そして恥辱をそそぐため紋右衛門らを切ると覚悟した二十六日の夜、嫁を離縁し、実家に帰している。惣右衛門家へ縁坐による処罰が及ばないように配慮してのことである。

「与右衛門は思う子細ありとて、立ちながら腹を切る」という文言中の、「思う子細」は判然としないが、立ちながらの切腹とは凄惨《せいさん》である。元禄の村には、まだこうした命を惜しまぬ気骨が残っていたのである。

『世間咄風聞集』より

もう一つの元禄時代の記録『世間咄風聞集』にも、喧嘩から刃傷沙汰を起こした事件が数多く記されている。そのなかから二つの事件を紹介しよう。

まず元禄九年五月中頃のことである。平戸藩の家臣の大井彦太夫と木造勘解由《かげゆ》の両名が、一緒に先代藩主の松浦鎮信《まつらしげのぶ》のもとに御機嫌伺いに参上、よもやま話のなかで、勘解由が「関東者と中国・西国筋の者とあわせ（くらべ）候えば、関東者は物毎《ものごと》がつよく、中国・西国筋の者はよわく御座候」と申し上げた。

この勘解由の言葉に反発を覚えた彦太夫は、退出後、次の間で「関東の者と中国者と侍にちがい少しもこれある間敷と存候」と、勘解由にはげしく抗議をした。しかし勘解由は、先刻申した通り、侍は関東者の方が中国者より強いと主張した。彦太夫は中国出身、勘解由は関東出身だったからである。

この単なるお国自慢論争が、このあと思わぬ事態へと進む。二人の口論は、周囲のとりなしで一旦は収まったが、帰路、二人は同道したため、またまた口論再開、ついに勘解由が刀を抜いて、路上で彦太夫の太股を突いた。この段階ではまだ冷静であった彦太夫の供の者二人が、急いで彦太夫と勘解由に組みついて両者を引き分けた。ここまでは、まだ彦太夫は刀を抜いていない。

しかし折角引き分けたにもかかわらず、一瞬のすきをついた彦太夫が、抜き打ちに勘解由の眉間を切り、そこから両者の死闘が始まった。彦太夫の供の者も今度は主人の彦太夫に加勢した。一方、勘解由の供の者は逃げてしまったので多勢に無勢、ついに勘解由は殺害された。彦太夫は数か所に疵を負ったが命に別条はなかった。しかし翌日、彼も切腹して果てた。

続いて元禄十三年十二月十九日、長崎において起きた事件について述べよう。これも些細な喧嘩から、大事件になってしまった話である。

長崎の本博多町大音寺坂の付近で、佐賀藩の家老鍋島官左衛門の家来深堀三右衛門と芝田武右衛門の両名が、長崎町年寄の高木彦衛門とすれ違った際、接触したとかしないといった些細なことから、双方の供の者同士が喧嘩をはじめた。

当初は深堀側の供の者がしきりに詫びたが、高木側の者がいろいろいんねんをつけてこれを赦さず、さらにはこの話を聞いた高木側の家来たち七名が、直接深堀と芝田に面会を強要しに鍋島官左衛門屋敷に押しかけ、散々に悪態をついた。これに怒った深堀三右衛門は、刀を抜いてそのうちの一人に疵を負わせたが、逆に刀をもぎ取られ、高木の家来七名は悠々と引き揚げて行った。

翌二十日の未明、この仇を討とうと、逆に深堀三右衛門と芝田武右衛門が抜刀して高木屋敷に押しかけ、「昨日之相手出し申すべく候。打果し申すべし」といったので、今度は高木側で懸命に詫び、仲裁人も入って高木彦衛門から詫び状を正式に出すことになり、事態は収束するかにみえた。

しかし、交渉をそうこうしているうちに、深堀・芝田に加勢しようと家老鍋島官左衛門の家来十名が興奮してかけつけ、深堀・芝田らとともに高木邸内に切り込んでしまった。その結果、高木彦衛門と同家の家来六名の計七名が殺害された。その直後、深堀は高木邸の広間で切腹、芝田は高木邸門前の橋上で切腹した。

残る十名は引き揚げたが、その際、さらに深堀に加勢するため九名が高木屋敷に乱入したが、すでに戦闘は終わっていたので、この九名もそのまま引き揚げた。

この結末はどうなったか。翌元禄十四年三月に出た幕府の裁決によれば、由緒ある長崎町年寄の高木彦衛門家は闕所、息子の彦八は長崎追放（江戸・京・大坂御構《おかまえ》）、鍋島官左衛門屋敷へ押しかけた高木家の家来九名（喧嘩の当初の供の者二名を含む）は斬罪、という厳しいものであった。

一方、佐賀藩の家老鍋島官左衛門の家来に対しては、幕府はこれを処罰せず、佐賀藩の「自分御仕置」といって、藩による自主的処断に委ねた。佐賀藩では、高木屋敷に押し入った家老の家来十名に斬罪、あとから押しかけた九名に五島への流罪を申し付けた。

ちょっとした下人同士の喧嘩から、やがて武士同士が切り合い、長崎の大物町人を殺害し、大勢の処罰者を出すという大事件になったのである。もちろんその背景には、長崎貿易の総元締として威勢を誇る長崎町年寄と、長崎警固を司る佐賀藩士との、長年にわたる確執《かくしつ》が考えられよう。

しかし、それにしても命をかける武士の行動の軽さが目につく。切腹の大安売りといってもよい。切腹しさえすれば何もかも解決すると考える気安さが気になる。人を切るという行為にも、特に深い理由があってのことのようには思えない。かなり刹那的である。そこに元禄という時代は、まだ戦国の余風をのこした殺伐とした社会としての側面があったように思えてならない。

もっとも、今迄紹介した二つの記録、『鸚鵡籠中記』と『世間咄風聞集』は、世間の日常的なことでなく、珍しい話を集めたものという考え方もある。だから、喧嘩口論や刃傷沙汰は、当時としては稀にしか起きなかった珍しい事件だから書き留めたのだと。

しかし、あまりにも喧嘩口論や刃傷沙汰が、日常的に頻発するので、そのなかから選んで取りあげざるを得なかったのではなかろうか。喧嘩口論の禁令や、長刀所持の禁令がくりかえし発令されている一事をもってしても、秩序維持がまだ不安定な元禄の社会を想起する方が自然であろう。

同時に、戦闘を本業としてきた武士たちが、戦争のない世の中になって数十年、そうしたなかで新たな武士道とは何かを模索する時期に、元禄という時代は遭遇していたのである。

第二章　赤穂事件

二つの事件

元禄《げんろく》一四年（一七〇一）三月十四日、江戸城中の松の廊下において赤穂《あこう》藩主浅野内匠頭長矩《たくみのかみながのり》は、高家《こうけ》筆頭の吉良上野介義央《きらこうずけのすけよしなか》に切りかかり傷を負わせた。浅野長矩は即日切腹を命じられ、赤穂藩は改易《かいえき》となった。これが、いわゆる「赤穂事件」の発端である。

その一年十ケ月後の元禄十五年十二月十五日の未明、元赤穂藩家老の大石内蔵助《くらのすけ》良雄ら赤穂浪士四十七名が、本所《ほんじょ》（墨田区）の吉良邸に討入り、義央の首を討って芝の泉岳寺《せんがくじ》（港区）にある亡君長矩の墓前に捧げた。

なお、浪士の一人寺坂吉右衛門は吉良邸討入りののち、泉岳寺へ引き揚げるまでの間に抜け出してしまい、行方不明となった。これには逃亡説と、広島に差し置かれていた浅野大学長広（長矩の弟で養子）への使者であったと弁護する説とがある。この弁護説に立てば、赤穂四十七士であるが、逃亡説なら四十六士となる。

ともあれ、幕府は翌元禄十六年二月四日、四十六名全員に切腹を命じ、二年間にわたったこの事件は落着した。このように赤穂事件は、「松の廊下刃傷《にんじょう》事件」と「吉良邸討入り事件」という二つの事件から成り立っている。

ここで、先に記した「その一年十ケ月後の元禄十五年十二月十五日の未明」云々の文につき、いささかの注釈を付しておこう。

まず「一年十ケ月」は、一年九ケ月の誤りではないかとの疑問に対してである。実は元禄十五年は、八月の次に閏八月が入っているので一ケ月多くなる。そこで元禄十四年三月から翌十五年十二月までの間は、一年十ケ月という勘定になる。

つぎに「十二月十五日の未明」とあるが、十二月十四日の夜ではないかという疑問に対してである。これは両方ともに正しいといえよう。当時は子《ね》の刻（午前零時前後）を過ぎたら、日が変わって翌日になると考える人はほとんどいなかった。翌日の暁近くまでは、前日の深夜だと認識していた。したがって当時の史料には、十二月十四日の夜に討入ったと記したものが圧倒的に多い。しかし実際に討入った時刻は十五日の午前四時頃で、引き揚げたのが午前六時頃なので、ここではわかりやすく、今日流に十五日の未明とした。

さらに吉良邸の所在地を、単に「本所」と記したが、詳しく記すとすれば本所松坂町ではないかという意見に対してである。私も以前はそのように思い込んでいたことが、これは誤りであった。江戸の武家屋敷地には、もちろん例外はいくらでもあるが、原則として町名がついていない。そこで吉良邸が本所のどこかを、もう少し限定していうとすれば、吉良邸は、一ツ目橋と二ツ目橋の中程の北側にあったから、あまり正確ではないが、本所一ツ目とか本所二ツ目という言い方はできる。

事件後の元禄十六年に、吉良邸は収公され、その跡地が町屋となって本所松坂町が成立した。したがって人石らによる吉良邸討入りの時点では、まだ松坂町という町は江戸になかったのである。

さて、話をまた元に戻そう。赤穂事件そのものは落着したが、事件がその後に与えた影響はきわめて大きかった。たとえば、この事件にたいする幕府の処置をめぐって、あるいは赤穂浪士の行動の評価をめぐって、その後も議論が百出した。

また、赤穂事件を素材にした人形浄瑠璃《じようるり》や歌舞伎《かぶき》が次々に上演され、事件から半世紀後の寛延《かんえん》元年（一七四八）には、竹田出雲《いずも》ら作の『仮名手本忠臣蔵《かなでほんちゆうしんぐら》』が生まれた。これはのちに、『菅原伝授手習鑑《すがわらでんじゆてならいかがみ》』『義経千本桜《よしつねせんぼんざくら》』と並ぶ歌舞伎の三大名作の一つに数えられ、不入りのときにこれを演し物《だもの》にすれば必ず大入りになるという「芝居の独参湯《どくじんとう》」と称され、圧倒的人気を博した。

このため赤穂事件は、「元禄忠臣蔵」などともよばれ、非常に有名になった。幕府もまた、忠孝を支配イデオロギーの柱としていたため、忠義の臣が活躍する忠臣蔵の芝居を、忠孝宣伝の場として利用したきらいがある。しかし、芝居で有名になればなるほど、後世そのことがかえって、事件の真相を見えにくいものにしてしまったようにも思う。

そこで以下、赤穂事件そのものの経緯を追うことにしよう。

松の廊下刃傷事件

事件の発端

江戸時代は、いうまでもなく徳川幕府の天下であり、朝廷は完全に幕府によって政治的におさえこまれていた。とはいえ、朝廷の伝統的権威を無視することができなかった幕府は、朝廷に対してさまざまな配慮をしていた。幕府が毎年正月に、将軍の名代《みょうだい》を京都に派遣し、朝廷に年頭の祝賀を申し述べたのも、その配慮の主要な一つであった。

朝廷側はこれに対し、毎年三月に答礼として勅使と院使を江戸に下向させた。勅使・院使と将軍が江戸城で対面するこの儀式は、幕府にとって非常に大切な行事であり、勅使・院使の接待にあたる馳《ち》走役《そうやく》には、とくに指名した大名がなり、万事粗相のないようにとり行われた。なおその際、朝廷の有《ゆう》職故実《そくこじつ》にくわしい高家衆が、大いに活躍したのはいうまでもない。

元禄十四年（一七〇一）正月は、高家筆頭の吉良上野介義央が将軍の名代として京都にのぼった。三月にはその答礼のため、東山《ひがしやま》天皇の勅使として柳原前大納言資廉《すけかど》と高野中納言保春、霊元《れいげん》上皇の院使として清閑寺前大納言熙定《ひろさだ》が江戸に下った。勅使の接待にあたるこの年の馳走役は播州赤穂藩主浅野内匠頭長矩、院使の馳走役は伊予吉田藩主伊達左京亮《さきょうのすけ》宗春であった。浅野長矩は、十八年前の天《てん》和《な》三年（一六八三）にも勅使馳走役を勤めており、二度目の勤めであった。

勅使ら一行は、三月十一日に江戸に到着した。勅使らの江戸滞在中の宿舎は、江戸城大手門前の龍《たつ》の口《くち》近くの伝奏屋敷であった。翌十二日に江戸城大広間において将軍綱吉《つなよし》に謁見、十三日には饗応の能が演じられた。そして最終日の三月十四日は、白書院において将軍が勅書に対する謝礼を勅使らに述べる儀式（勅答の儀）があり、さらに勅使らの労をねぎらうために、将軍や御台所《みだいどころ》からそれぞれ贈り物が届けられる予定であった。

事件は、この日の儀式がはじまる少し前の午前十一時ごろに、松の廊下で起こった。松の廊下は、江戸城の大広間と白書院の間を結ぶ廊下で、松の大廊下ともいった。

勅答の儀が行われる白書院に通じる松の廊下の周辺は、朝からあわただしさと緊張とが充満していた。当日、御台所からの贈り物を届ける使者の役を仰せつかっていた留守居番の梶川与惣兵衛頼照《かじかわよそべえよりてる》の記録『梶川氏日記』（赤穂市発行『忠臣蔵』第三巻所収。以下、赤穂事件に関する記述は同書に負うところが大きい）によれば、梶川が大広間の方から松の廊下を歩いていると、反対の白書院の方からやってきた吉良義央に出合った。たがいに立ち止まって時刻の件を一言二言話していたところ、突然吉良の背後から、浅野長矩が、「この間の遺恨覚えたるか」と、大声をかけつつ切りかかってきた。吉良が驚いて、「これは」と浅野の方に振り向いたところを眉間に切りつけられ、あわてて梶川の方へ逃げようとした。その背中に浅野はまた切りつけた。吉良はそのままうつぶせに倒れたが、そのとき梶川が浅野に飛びかかって抱きすくめた。

浅野は、そのあと梶川や高家衆など大勢の者に取り囲まれて柳の間の方へ連れて行かれたが、そのみちみち、「この間中の意趣」があり吉良を斬ったと、興奮して何度も大声で叫んだ。やがて浅野の興奮が鎮まったころ、目付らに引き渡された。以上が有名な松の廊下刃傷事件であり、事件現場に偶然居合わせた梶川頼照の証言である。

江戸城・松の廊下

昭和六十三年春に、東京国立博物館で「江戸城障壁画の下絵」という特別展が催された。下絵といっても実物大ではなく、下絵の制作に先立って描かれたタテ四六センチメートルほどの小型の下絵(小下絵)である。しかしミニチュアとはいえ、実に精密に描かれており、江戸城内の主な部屋部屋の華麗な障壁画を、克明に知ることができた。

江戸城内にどのような建物がたっていたか、その外観とか間取りについては、従来からの研究で相当明らかにされている。しかし、建物内部のどこにどんな絵が描かれていたかについては、ほとんど不明であった。それがこの特別展で、かなり明確になったのである。

実はこの小下絵は、天保《てんぽう》十五年(一八四四)に江戸城本丸が焼失した時、その再建事業の一環として、障壁画の制作を命じられた幕府御用の狩野派の絵師たちが描いたものである(同特別展には、天保九年に焼失した西の丸の再建の際の小下絵も出品された)。

再建の方針は、焼失前の姿をできるだけ忠実に復元することであった。したがってこの小下絵の絵柄は、天保十五年に焼失する以前の障壁画と同じということになる。しかも江戸城の本丸は、明暦《めいれき》三年（一六五七）の江戸大火で類焼し、万治《まんじ》二年（一六五九）再建されて以後は、幕末の天保十五年まで、ずっと百八十五年間も火難をまぬがれてきた。

それゆえこの小下絵は、二世紀近くも遡った万治年間以降の障壁画、つまり元禄時代や、享保《きょうほう》、田沼、寛政《かんせい》、化政といった時代の江戸城本丸の建物内部に描かれていた絵柄そのものということができる。

では、元禄時代の江戸城本丸内部の障壁画は、具体的にどのようなものであったか。その話に移る前に、江戸城を概観しておこう。

江戸城には、本丸・西の丸・二の丸・三の丸などがあった。このうちもっとも重要なのが本丸で、ここには江戸城最大の御殿があった。それは将軍の居所であり、同時に江戸幕府の政庁でもあった。本丸には、壮大な五重の天守がそびえていたが、明暦の大火で焼失した後は、再建されないまま明治維新を迎えた。

したがって江戸の風景画に、江戸城の天守が描かれていれば明暦の大火以前、天守がなければそれ以後の江戸の様子を描いたものといえよう。ただし、天守が描かれているからといって、その絵の成立時期が明暦三年以前の古いものであると速断するのは危険である。ずっと後世に、明暦の大火以前の江戸の様子を思い出して、あるいは推察して、描くということだって大いにあり得るからである。

なお西の丸には、前将軍（大御所）とか将軍の世嗣が居住した御殿があった。現在、皇居があるのはこの西の丸の跡地である。また二の丸・三の丸には、将軍の生母や前将軍の夫人らの居所があった。

さて江戸城の本丸御殿であるが、建物の規模は約一万千坪（約三万六〇〇〇平方メートル）で、南北に長く連なっていた。その内部は、南から北に向って表《おもて》・中奥《なかおく》・大奥《おおおく》の順に、三つのブロックに区分されていた。

表は、公的な政治の場であり、将軍が大名らと対面したり、役人が政務をとったりするところである。中奥は、将軍が日常的な政務を行ったり、日常生活を送ったりするところで、公私の性格をあわせもつ場であった。これに対して大奥は、将軍の正室や側室や奥女中たちの生活するところで、完全に私的な空間であった。大奥と中奥とは、御錠口ではっきりと遮断され、将軍以外に男子は容易に入れなかった。

表には、大広間・白書院・黒書院など、将軍が大名らに対面する重要な部屋があった。なかでも大広間は、もっとも重要な部屋であり、広さは四百畳を超した。大広間の上段の間には松と鶴、二の間には巨大な一本の松が描かれていた。

白書院は、大広間に次ぐ主要な部屋で、約百二十畳の広さである。京都から江戸へ勅使が下向した際、将軍が勅書に対する謝礼を勅使に述べる儀式は、この白書院で行われた。この障壁画は、帝鑑図といって、鑑とすべき中国古代の帝王の物語を描いている。

中奥にある御座の間は、将軍の昼の居間である。ここには花鳥画が描かれていた。また将軍がくつろぐ休息の間には、『伊勢物語』に取材する名所絵が描かれていた。大奥の対面所は、将軍の正室が対面するところで、『栄華物語』から数場面を選んで描いている。

このように江戸城本丸の障壁画は、およその傾向として、表は雄大な唐様の筆致、大奥は典雅な和様の筆致、中奥は両者の中間の筆致であった。

事件の発端となった刃傷の場は、江戸城本丸の松の廊下であった。松の廊下は、大広間とその北の白書院とを結ぶ長い廊下である。大広間を出て西へ十間半（約一九メートル）、さらに北へ直角に曲って一七間半（約三一メートル）、L字型の全長約五〇メートルの廊下である。廊下の幅は、直角に曲るところまでは二間（約三・六メートル）、北に曲ってからは二間半（約四・五メートル）、それに天井の高さは一丈三寸（約三メートル）であった。

大広間から松の廊下を白書院に向って進むと、右手に中庭があり、左手に諸部屋が並んでいた。この諸部屋の襖《ふすま》に松が描かれていた。だから松の廊下と呼ばれたのである。

その松の絵は、どのように描かれていたのだろうか。赤穂事件を素材にした歌舞伎や映画でみる松の廊下には、ほとんど例外なく、豪快な黒松が大きく枝を広げた図が描かれている。本丸のうちでも、松の廊下は表に属しており、こうした唐様の雄渾《ゆうこん》な筆致の絵柄は当然という先入観がわれわれを支配していた。したがって雄壮な巨松の絵に、いままで何ら疑問をもたなかったのである。

ところがである。この特別展でみた松の廊下の絵は、同じ松でも従来のイメージとは、まったく違うものであった。浜辺に、たおやかな赤松の松原がつづき、千鳥が群れ飛ぶという構図が、実にやわらかな筆致で描かれていた。まことにやさしく典雅な雰囲気である。唐様ではなく、意外にも和様であった。

元禄時代の松の廊下が、このように和様の優雅な雰囲気に包まれていたとすると、あの刃傷事件の舞台としては、まったくそぐわないものであった。唐様の雄壮で鋭角的な巨松図を背景にしてこそ、刃傷事件という、はねあがった行動も、ぴったりとその場にあてはまる。

しかし血なまぐさい刃傷と、このように優雅な松の廊下の雰囲気との、溶け合わぬ奇異性は、浅野長矩の松の廊下における行動の突飛さを、いやがうえにも浮き彫りにし、その悲劇的な結末をも暗示していた。この新発見の松の廊下の障壁画は、吉良憎しの判官びいき一辺倒の感情論に対し、理性的な赤穂事件の再検討を促しているように思えてならない。

遺恨覚えたるか

浅野がなぜ刃傷に及んだのか、その原因については突然逆上したという説、赤穂の塩田技術をめぐっての説、赤穂塩と吉良塩との競争説、吉良の浅野夫人への横恋慕説など、俗説・珍説、硬軟交えて判然としない。『梶川氏日記』も、「この間の遺恨覚えたるか」と浅野が口走ったことは記しているが、

「遺恨」の内容については触れていない。

同時代人である尾張《おわり》藩士朝日重章の日記『鸚鵡籠中記《おうむろうちゆうき》』によれば、馳走役となった大名は、この種の儀式に精通している吉良に、贈り物をして指南を受ける風習があったが、浅野はへつらうことをいさぎよしとせず、吉良になにも贈り物をしなかった。「吉良は欲深き者故、前々皆音信《いんしん》にて頼むに、今度内匠（浅野）が仕方不快とて」、なんにも指導・連絡をしなかったので、浅野の公家衆への饗応は、とかく齟齬《そご》することが多かった。浅野はこのことを恨んでいたが、さらにこの日殿中において、老中らの面前で吉良から、浅野の饗応の仕方は万事に失礼が多く、公家衆もたいへん不愉快に思し召されている、とあしざまにいわれたので、ついに刃傷に及んだとある。

この尾張藩士の記録は、刃傷の原因について当時世間一般に流布していた噂《うわさ》を記したものといえよう。幕府の公式記録である『徳川実紀』にも、

世に伝ふる所は、吉良上野介義央、歴朝当職にありて、積年朝儀にあづかるにより、公式の礼節典故を熟知精練すること、当時その右に出るものなし。よって名門大家の族《やから》も、みな曲折してかれに阿順《あじゆん》し、毎事その教を受けたり。されば賄賂《まいない》をむさぼり、其家《そのいえ》巨万をかさねしとぞ。長矩は阿諛《あゆ》せず。こたび館伴（馳走役）奉りても義央に財貨をあたへざりしかば、義央ひそかにこれをにくみて、何事も長矩に告げしらせざりしほどに、長矩時刻を過《あやま》ち、礼節を失ふ事多かりしほどに、これをうらみ、かかることに及びしとぞ。

とあり、浅野の遺恨は、吉良の不正な仕打ちにあるという、当時世間に流布していた説を紹介している。なお『世間咄風聞集《せけんばなしふうぶんしゅう》』に収録されている当時の落首にも、

ちよくとう（勅答）をとりもち過てかうづけ（上野）が浅野につらを切《きら》れしやう〳〵
よく（欲）のかわ（皮）あつき事こそだうり（道理）なれ切てもきれぬかうづけ（上野）がつら
分別もあさのたくみ（浅野内匠）がひとりじにきられかうづけきずはせう〳〵

とある。吉良は左少将であり、「少々切られた」という言葉に掛けている。

理由はともあれ、勅答の儀という大切な時期に、しかも馳走役という大事な役目を担った人物が、こともあろうに殿中で刃傷沙汰を起こしたのである。将軍以下幕府の重役たちが激怒したのは当然であった。

事件後、浅野長矩は即刻田村右京大夫建顕《たてあき》の江戸屋敷に御預けの身となったが、幕府はその日のうちに浅野にたいし、「吉良上野介へ意趣これある由にて、折柄と申し殿中を憚《はば》からず切り付けるの段、重々不届至極《じゅうじゅうふとどきしごく》」につき、切腹を申し付け、御家断絶の処置をとった。赤穂五万石の改易である。

一方、吉良義央にたいしては何の御咎《おとが》めもなく、手疵《てきず》をよく養生するようにとの将軍からのねんごろな言葉が伝達された。殿中で吉良の傷の手当にあたったのは、幕府のお抱え医師で、当時南蛮流外科医として名高かった栗崎道有《どうう》であった。吉良の額の傷は眉の上の骨が切れるやや深傷《ふかで》で、傷の長さは三寸六分（約一一センチメートル）、一方、背中の傷は六寸（約一八センチメートル）余り切れていた

が、浅傷であった。

吉良は浅野と殿中で口論したわけでもなく、刀を抜いて防戦もしていない。ただ一方的に切りつけられただけの事件であった。喧嘩の状態にもいたっておらず、喧嘩両成敗の論理を導入する余地はまったくなかった。したがって浅野のみを処分し、吉良は御構いなしとした幕府の処置は、きわめて当然のことであった。

しかし前述したような吉良の不正なやりかたに、そもそもの原因があったとする説が世間に広まるようになると、浅野への同情論が強まり、幕府の処置は片落ちであるという声がしだいに高くなった。こうした風潮を背景にして、赤穂浪士による吉良義央への復讐《ふくしゅう》は成功する。時に元禄十五年（一七〇二）十二月十五日未明のことであった。

ただし、第一の刃傷事件から第二の吉良邸討入り事件に至るまでのあいだには、いくつもの山があった。その一つが赤穂城の引渡しであったが、平穏裡《いおんり》に城が引き渡される保証はどこにもなかった。

赤穂城明渡し

元禄十四年三月十四日の刃傷事件の第一報が、江戸屋敷から国許の赤穂に発せられたのは十四日夕刻の申《さる》の下刻《げこく》（午後五時前）であった。早使《はやづかい》の任にあたったのは早水《はやみ》藤左衛門・萱野《かやの》三平の両人で赤穂城に十九日早朝の卯《う》の刻（午前六時ごろ）に到着した。江戸より百五十五里を、わずか四日半での到着である。新幹線のない当時としては、ものすごい速さであった。

「十四日に殿様が江戸城中で吉良殿と喧嘩をなされ、田村右京大夫様へ御預けの身となった」というごく簡単な書状の内容ではあるが、国家老の大石内蔵助良雄と大野九郎兵衛知房《ともふさ》は、このとき初めて事件を知ったのである。

ついで同日の戌《いぬ》の中刻（午後八時ごろ）に、第二の早使の原惣右衛門・大石瀬左衛門が赤穂に到着、「去る十四日夕刻に殿様が切腹した」ことが告げられ、同時に、老中土屋相模守政直の「赤穂藩の家中はもちろん領民も騒動を起こさぬように」との仰渡し書が、大石内蔵助の手許に届けられた。大石は直ちに実状調査のため、荒井安右衛門・萩原文左衛門を江戸に派遣した。

改易とは冷酷なものである。江戸では浅野長矩切腹の三月十四日以降、浅野家にたいして非情な処置が、幕府によって次々になされていた。世嗣の浅野大学長広は、閉門を仰せ付けられ、浅野の親類にあたる大名・旗本らは遠慮（表門を閉じて籠居《ろうきょ》）を申し付けられた。長矩の妻あぐりは、実家の安芸国三次《みよし》藩浅野土佐守長澄の江戸下屋敷に引き取られた。

江戸鉄砲洲《てっぽうず》（中央区）の赤穂藩上屋敷は三月十七日に、赤坂（港区）の下屋敷は翌十八日に、最後に残った本所（墨田区）の下屋敷は二十二日に収公された。事件発生後わずか八日のうちに江戸詰家臣たちは、まさに路頭に迷う状態となり、町家に移り住む者もいたが、大半は赤穂へと帰っていった。

そして改易の最大の行事である赤穂城の明け渡しは、四月十九日に行われた。

三月十九日に大石内蔵助から事件を知らされた家中は、当初は比較的冷静であった。長矩の切腹はもちろんショックなニュースであったが、相手の吉良義央も当然死去したものと思っていたからである。しかしそうではなく、吉良は生存しており、彼への幕府による何らの御仕置《おしおき》もないことがわかると、このままおめおめと城を明け渡すことはできぬという動きが活発になった。

相手の吉良は無事なのに、主君長矩のみ切腹を仰せ付かるとは、屈辱も甚だしいという赤穂家中の不満は、やがて、城を枕に討死してでも武士の面目を保とうとする激しい籠城説に傾いていった。江戸詰家臣として、身近にこの事件にたいする幕府の処置をみて、憤懣《ふんまん》やるかたない思いにかられていた堀部安兵衛・奥田孫太夫ら急進派が赤穂にやってきたことも、平穏な赤穂城明渡しをますます難しいものにした。

国家老の大石内蔵助は、穏便な開城を基本線に据えつつも、家中のさまざまな意見を集約し、なおかつ堀部らのような激しい意見の者へも説得できる考えを打ち出した。すなわち、「開城の際、受城目付に存念を申し上げ、それが聞き入れられなければ切腹する覚悟」というもので、主立った家臣らとこの盟約を結んだ。

この「存念」には、片落ちの処置の修正、つまり吉良への何らかの処断の要求、浅野大学の閉門解除の要求、そして浅野家再興の要求が、ストレートではなく婉曲《えんきょく》に含まれていた。また「切腹する覚悟」とあるが、開城直後なのか、幕府への要求が通らぬことがはっきりしたときなのか、切腹の時期についてはあいまいであった。

しかし、同じ国家老の大野九郎兵衛は、浅野家再興を願うには、あくまでも恭順の意を表しつつ平穏に開城すべきであると主張した。切腹をチラつかせながらの開城は、幕府への印象を悪くするだけで、浅野大学の閉門解除もままならなくなると、大石案に真っ向から反対、そのため過激派の浪士に刺されるのではないかと、身の危険を感じた大野は、開城前に赤穂城を離れてしまった。

ともあれ四月十九日の城明け渡しが平穏に行われた陰には、大石内蔵助の存在が大きかった。小野寺十内の書状によれば、「内蔵助の働き、家中一統に感ぜしめ候。進退を任せ申し候と相見え申し候。年若に候得共、少しもあぐみ申し候様子もなく、毎日終日城にて万事を引き請け、少しもたじろぎ申さず、滞りなく取り捌《さば》き申し候」と、大石の少しもたじろがぬ働きぶりが記されている。

開城の四月十九日、受城目付は荒木十左衛門政羽《まさは》と榊原采女政殊《さかきばらうねめまさよし》であった。そして、受城使は龍野《たつの》藩主脇坂淡路守安照と足守《あしもり》藩主木下肥後守㒶定《きんさだ》であった。受城後、足守藩は即日赤穂を離れたが、龍野藩は、この日から翌年十一月三日に下野国烏山《からすやま》藩主の永井直敬《なおひろ》が赤穂に転封してくるまでのおよそ一年半、赤穂城に在番した。

吉良邸討入り事件

討入り決意

元禄十四年四月十九日、無事開城の大任を果たした大石内蔵助は、残務整理と左腕の疔腫《ちょうしゅ》治療のため赤穂近くの尾崎村にとどまっていたが、六月二十八日に山城国宇治郡西山村（京都市山科区）に妻子とともに移り住んだ。ここは大石の伯母婿《おばむこ》にあたる足軽頭の進藤源四郎の家が代々持ち伝えてきた土地で、進藤も開城後ここに移住していた。

さて、これから翌元禄十五年十二月十五日未明の討入り断行まで、大石にとっては、まさに辛抱の年月であった。それは、速やかな仇討《あだう》ちを主張する江戸の堀部安兵衛ら急進派にたいし、浅野長矩の弟で養子の浅野長広の閉門御免と浅野家の再興を期待し待ちつづける大石内蔵助が説得に明け暮れた月日でもあった。

この間に大きな山場が二度あった。一つは元禄十四年十二月十一日に吉良上野介義央が隠居し、養子の左兵衛義周《よしちか》が家督を相続したことである。これにより隠居身分の吉良義央は、浅野切腹に見合う処罰をうける可能性がなくなったのである。幕府にたいし片落ち処理を修正させることができなくなった。

そこで堀部らは、もはや公権力に頼るよりは、即刻仇討ちを実行し、主君の汚名をそそぐ以外に方法はないと主張した。大石は、ここでもなお、浅野長広の閉門御免と浅野家再興の望みを捨ててはならず、軽挙妄動を慎むように説得している。

そして第二の山場は、翌元禄十五年七月十八日である。この日浅野長広は、閉門を解かれた。しかし、本家の広島藩に差置きを命じられ、江戸木挽町《こびきちょう》の長広の屋敷は収公された。同二十九日、長広は妻子とともに広島に向かった。長広の閉門は解かれたものの、浅野家再興の夢は完全に断ち切られたといってよい。

さすがの大石も、ここに至って仇討ちを決意した。以後八月から十月にかけ、上方にいた同志の赤穂浪士が三々五々江戸へと下り、江戸の同志と合流した。大石自身も十月七日に山科を発ち、二十六日に武蔵国平間村（神奈川県川崎市）に到着した。

以後、浪士たちは、江戸府内の各所に変名して潜居し、討入りの時期を待った。吉良義央が本所邸に確実にいるときを狙《ねら》い、まず茶会が行われる十二月五日の翌早朝に討ち入る予定であったが、茶会日が変更されたとの情報が入り、討入りを延期した。そして十二月十五日、今度は確実にその前日に茶会が開かれるとの情報を大高源五・大石三平から得て決行することとなった。

武士の義理

その間の浪士たちの精神的・経済的な苦労は並大抵ではなかった。浪士のひとり小野寺十内が妻に送った書状には、死への覚悟と家族への愛情などが、こまやかに吐露されている。いま、その一部を紹介しよう。

我等は存じの通り、当家（浅野家）の初めより小身ながら今まで百年御恩沢《ごおんたく》にて、おのおのを養い、身あたたかに暮らし申し候。……かようの時に、うろつきては家のきず、一門のつら汚しも面目なく候ゆえ、節にいたらばいさぎよく死ぬべしと確かに思い極《き》め申し候。老母を忘れ妻子を思わぬにてはなけれ共、武士の義理に命を捨つるみち是非に及び申さず候。合点《がてん》して深く嘆き給うべからず。……僅かの金銀家財、これを有限《ありぎ》りに養育してまいらせ御命なお長く、たから尽きたらば、ともに飢死申さるべく候。

小野寺十内のこの書状には、彼の気持ちがかなり率直に披瀝《ひれき》されている。家のきず・一門のつら汚しの非難を避けるため、武士の義理を通して、いさぎよく死ぬと決心したこと、さらに、将来もし家計が破産したらそのときには家族はみな飢死するのもやむを得ない、とまで言い切っている。

また大高源五が母に復讐の計画をうちあけ、別れを告げた元禄十五年九月五日の書状には、「殿様御憤りを散じ奉り、御家の御恥辱をすすぎ申したく一筋にて御座候。且つは侍の道をもたて忠のため命を捨て、先祖の名をもあらわし申すにて御座候」と記されている。亡君の憤りを晴らすという忠義のために命を捨てる。それが侍の道であり、先祖代々の名誉だと信じて、彼は討入りに加わった。

江戸中の手柄

元禄十五年十二月十五日の未明、大石内蔵助ら四十七士が吉良邸に討入った。表門からは内蔵助ら二十三名、裏門からはその子大石主税《ちから》ら二十四名が邸内に突入した。寅《とら》の刻（午前四時ごろ）から卯の刻（午前六時ごろ）までの、およそ二時間の戦闘であった。吉良方は就寝中であり、浪士側は完全武装である。しかも吉良邸の詳細な絵図面は、あらかじめ富森助右衛門が入手していた。情報戦の勝利である。

勝負は火を見るより明らかであった。吉良方の死者は、目ざす義央をはじめ家老の小林平八郎、用人の須藤専右衛門・鳥居理右衛門、中小姓の清水一学・左右田《そうだ》孫八郎ら十七名、負傷者は吉良義周ら二十八名であった。一方浪士方は、死者なし、負傷者はいたが、いずれもごく軽傷であった。明け六ツごろ、浪士たちは吉良邸を引き揚げ、永代橋《えいたいばし》を渡って、亡君浅野長矩の眠る芝泉岳寺に到着した。

この四十七士の討入りが、当時の江戸市民にどのようにうけとめられたかを示す、貴重な書状がある。事件の翌日の元禄十五年十二月十六日に、江戸に住む商人浅田孫之進が、山城国相楽《そうらく》郡西法花野《にしほうけの》村（京都府木津川市）の庄屋浅田金兵衛にあてた書状である。

小川幸代氏がこの貴重な史料を、「赤穂浪士討入りを知らせる書状」（『日本歴史』第四五七号）と、「忠臣蔵の事件」（『古文書が語る日本史6』所収）において紹介している。以下、同氏の論稿を参照しつつ述べることにしよう。

金兵衛の弟平兵衛は、江戸神田佐久間町の山城屋（両替商と生薬《きぐすり》商を営む）を経営しており、縁者と思われる孫之進も、山城屋に出入りしていたと推測される。おそらくは上方に本店があり、江戸に支店をもつというタイプの、江戸《えど》店持《たなもち》の上方商人《かみがたあきんど》であろう。そのため、江戸の商況報告を頻繁に本店に伝えていたものと思われる。

それにしても極月（十二月）十六日発信の書状である。討入りは十二月十四日夜と、当時の史料には記されているが、実際は十五日の未明である。したがってこの書状は、事件の翌日に出したものであり、興奮状態にある江戸のようすが、生々しく記されている。

一筆啓上致し候。時分柄甚《はなはだ》寒く御座候えども、弥《いよいよ》御堅固《けんご》御暮しならるべくと珍重《ちんちょう》に存じ奉り候。爰元《ここもと》平兵衛殿無事暮され候。私儀も息災《そくさい》に罷《まか》りあり候間、御心易《こころやす》く思召《おぼしめし》下さるべく候。併《しかしながら》当年津軽郡《つがるぐん》中不作《ふさく》大分《だいぶ》仕《つかまつ》り候て、知行三ッ五歩なる扶持方、残らず渡らず候より、家中《かちゅう》難儀《なんぎ》仕り候。江戸諸式売物《しょしきうりもの》等までも高直《たかね》御座候て、手詰《てづま》り申し候。且《かつ》又この十四日の夜七ッ時、吉良上野介殿屋鋪本庄《やしきほんじょ》に御座候。この所ゑ浅野内匠頭殿御家来都合四十七人、主人の敵討《かたきうち》ニ表并《ならびに》裏両方よりはしご掛《かけ》、内へ入り、首尾能《よく》上野之介殿打仰《うちおお》し、芝え引取り申し候。何《いずれ》も出立《いでたち》ハ着込《きこみ》の上に、黒羽重紅裏《くろはぶたえもみうら》の小袖、浅黄股引《あさぎももひき》、鑓《やり》残らず揃え、勝時《かちどき》作り、彼《か》の上野之介殿首ヲ引さけ、帰り候由。江戸中の手柄に御座候。色々なる事出来《しゅったい》申し候。またこの一乱出来仕るべくと人々申し候。其外《そのほか》替る儀御座なく候。恐惶謹言《きょうこうきんげん》

同孫之進

充清（花押）

極月《ごくげつ》十六日

浅田金兵衛様

人々御中

右の書状の半ば程から討入りのことが記されている。「十四日の夜七ツ時」というのは、今でいえば十五日の午前四時頃のことである。討入ったのが「四十七人」、「表并《ならびに》裏両方より」攻めたこと、本懐を遂げたあと「芝え引取り申し」と芝の泉岳寺に行ったことなど、直接見たわけではないが、情報は正確である。さらには赤穂浪士の服装が詳細に記されているのも貴重である。

しかし、この書状でもっとも注目される文言は、赤穂浪士による吉良邸討入り事件を、「江戸中の手柄に御座候」と表現している点である。事件は大評判の美談として、一日のうちに江戸中にひろまったのである。ということは、討入りはまだかまだかと、江戸の人びとは待ちこがれていたといえよう。それゆえに、浪士の行動を快挙として、とらえ得たのである。浪士たちが徒党をくんで、易々と吉良邸に討入ることができたのも、こうした江戸の雰囲気が、彼らをバック・アップしたからであろう。

しかし、この書状は手放しで喜んでいるわけではない。そのすぐあとに、「色々なる事出来《しゅったい》申し候。またこの一乱出来仕るべくと人々申し候」という世間の噂を、きちんと書き留めている。

今の江戸では、何が起きても不思議でない。またこの種の事件が起きるだろうと、江戸の人びとが話している。人びとは討入り事件を、やはり「一乱」ととらえており、当時の江戸の社会不安を指摘しているのである。

思えば、綱吉の政治も二十年を過ぎ、その政策の矛盾がさまざまな面で噴出してきた。浅田孫之進の書状の前半の部分には、江戸の経済市況が報告されている。津軽地方が不作で津軽藩の家中が困窮していること、また江戸の諸物価が高騰して、「手詰り」の状態にあることをも知らせている。

同じ浅田孫之進が、これより一ケ月半ほど前の、元禄十五年十月晦日に、浅田金兵衛にあてた書状によれば、この年の閏八月に発令された相対済し令によって、江戸の町中は「手詰り」、つまり金融梗塞に陥って、人びとは難儀していると記している。江戸の物価は高く、東国・西国も不作なので、米価は殊のほか高くなっていると報告している。

すなわち、元禄十五年の秋から冬にかけて、不作という自然条件もあるが、江戸の物価高や、金融梗塞など、元禄政治の破綻がそれに拍車をかけて、江戸は、きびしい経済状況と、放火などが頻発する社会不安におおわれていた。元禄政治自身も、「手詰り」状態にあったのである。

これが、大石内蔵助が江戸に下向して、討入りに至るまでの、都市江戸の、そして元禄政治の状況であった。こうした逼塞状況を打破するために、江戸の人びとは「一乱」を期待していた面がある。一方幕府は、人びとの不満が政治に向けられるのを逸らすため、討入りを黙認していたふしがある。

四十七士の討入りが、とりわけ妨害に遭うことなく遂行された背景には、このような事情を考慮する必要があろう。

御沙汰

こうして本懐を遂げた四十六名の赤穂浪士は、四つの藩の屋敷に分散して預けられた。大石内蔵助良雄ら十七名は熊本藩細川家の屋敷に、大石主税良金《よしかね》ら十名は伊予松山藩松平家に、吉田沢右衛門兼貞ら十名は長府藩毛利家に、神崎与五郎則休《のりやす》ら九名は岡崎藩水野家に、それぞれ預けられた。

しかし浅野長矩刃傷事件の際のように、即刻の処分を幕府は出さなかった。今回はきわめて慎重であった。

結論が出たのは、翌元禄十六年二月四日のことであった。この間、吉良邸討入り事件から一ケ月半も経過している。赤穂浪士の処分をめぐって、幕府内部でかなりはげしい議論がたたかわされたのである。

赤穂浪士の復讐成功は、世評の期待したところと一致し、その行動を世論は激賞した。彼らを「義士」と呼び、その助命を願う声が多かった。幕府内部でも大学頭《だいがくのかみ》林信篤《はやしのぶあつ》をはじめ多くの儒者がその立場をとった。中でも室鳩巣《むろきゅうそう》は大いに感激してのちに『赤穂義人録』を著わし、彼らの志を絶賛した。古義学の伊藤東涯《とうがい》、水戸学の三宅観瀾《かんらん》、崎門《きもん》学派の浅見絅斎《けいさい》らも、赤穂浪士の行動を義士として評価した。

これにたいし、集団で武装し吉良邸に討ち入った彼らは、徒党の禁止という幕府の大法を犯した暴徒であり、助命などとんでもないという意見があった。その代表は荻生徂徠《おぎゅうそらい》であり、のちに著わした『赤穂四十六士論』や『徂徠擬律書《ぎりつしょ》』に、その法理論が展開されている。同じく徂徠学派の太宰春台《しゅんだい》や崎門学派の佐藤直方《なおかた》も同様の議論であった。とくに春台や直方は、討入り事件直後に自決すればまだしも、おめおめと生きながらえ幕府の措置を待つという彼らの態度は、世間の賛美を背景に死を免れ、再就職の機会を得ようとする謀計だとまで極論している。

このほか、浪士の行動にたいする批判として、刃傷事件の直後から吉良邸への討入り事件まで、のんびり二年近くもかかっており、この間に高齢の吉良がもし病死でもしたら、忠義を果たす場を失ってしまっただろうというのである。

以上のようなさまざまな意見を背景に、幕府の評定所では議論百出、浪士の処分にかんする結論を出すのに、相当苦慮したものと思われる。その激論の時間的経過が、元禄十五年十二月十五日から翌十六年二月四日までの一ヶ月半であった。

二月四日に幕府が大石ら四十六士に下した申渡しは、「主人の讐《あだ》を報じ候旨《むね》申し立て、内匠（浅野長矩）家来四十六人徒党を致し、上野（吉良義央）宅へ押し込み、飛道具など持参、上野を討取り候始末、公儀を恐れず候段、重々不届に候。これに依《よ》り切腹申し付くるもの也《なり》」であった。

この申渡しのキーワードは「徒党」にあり、しかも「飛道具など持参」の、いかにも戦場に臨むような武装集団の行動が、御政道に背くものと断定された。ただし、「主人の讐」を討つという忠義の心情から発しての行動であり、武士としての大義を貫いたのだから、打首《うちくび》ではなく、「切腹」を命じたのである。荻生徂徠の意見が取り入れられたといえよう。

法治主義を前面に押しだしつつも、なお武士としての体面を保たせる、これが幕府の結論であった。さらに今回は吉良方にたいしても、「浅野内匠家来ども、上野を討ち候節、左兵衛吉良義周仕形不届」につき、吉良の領地を没収し、義央の養子義周を諏訪安芸守邸に御預けの処分とした。赤穂浪士に討ち入られた際の吉良義周の対応の仕方が不届だというのであるが、わかったようなわからぬような理由である。

ともあれ、前回の刃傷事件の際は、吉良にたいし何らの処置もなく、片落ちの批判が強かったことを先述したが、この討入り事件は、喧嘩両成敗の処分となった。これは、幕府内部に根強くあった助命論をおさえ、なおかつ浪士への同情が厚い世論を鎮めるのに、効果的であったにちがいない。

文治政治を推進中の幕府は、忠孝の道徳律をイデオロギー支配の重要な柱とした。しかしそれ以上に、公儀としての幕府の法、すなわち公法を遵守させることのほうが、元禄という時代は重要になっていたのである。

赤穂因縁話

浅野家と水谷家

この赤穂藩の悲劇は、因縁めいているが、その数年前に起きた備中松山藩の悲劇と、何らかの糸で結ばれているように思えてならない。

備中松山藩主水谷《みずのや》勝宗は、元禄二年に六十七歳で病死した。その跡を継いだ勝美も、四年後の元禄六年十月に三十一歳で没した。不幸はさらに続き、勝美の養子勝晴も、その翌月に疱瘡《ほうそう》にかかって十一歳で早世した。

こうして水谷家には跡継ぎがいなくなってしまったので、水谷家はお家断絶となり、備中松山城は収公されることとなった。幕府の公式記録『徳川実紀』の元禄六年十二月二十一日の条には、「備中国松山の領主水谷出羽守勝美、大病にのぞみ、勝晴いまだ襲封せずして病死するをもつて、所領五万石収公せられき」と冷たく記されている。

この松山城請取りの使者役を、浅野内匠頭長矩が幕府から命じられた。元禄七年二月、赤穂藩の家老大石内蔵助良雄は、松山藩士たちの万一の抵抗を危惧《きぐ》し、大勢の家臣をひきいて要所要所に配置し、無事に松山の城地と武具類の引き渡しを終了した。

この松山収城の赤穂藩士一行のなかには、のちに吉良邸討入りに参加した原惣右衛門、早水藤左衛門、岡嶋八十右衛門、堀部弥兵衛、不破数右衛門、武林唯七、神崎与五郎、倉橋伝助、杉野十平次らの名がみえる。

この松山収城を幕府から命じられた浅野長矩が、それから七年後の元禄十四年に江戸城中で刃傷事件を起こし、水谷家同様にお家断絶の憂き目にあい、今度は逆に収城される立場に立たされようとは、そのときだれ一人、予想だにしなかったであろう。運命のいたずらとでもいおうか。

それればかりではない。吉良邸討ち入り後、赤穂浪士の引き揚げ先となった浅野長矩の菩提寺の泉岳寺は、奇《く》しくも備中松山藩の先代の藩主水谷勝宗の墓所でもあった。水谷家の無念の情が、浅野家にのりうつったかのようであった。ここにも皮肉な運命をみる思いがする。

吉良義央と栗崎道有

一方、吉良義央の側にも因縁話がある。松の廊下の刃傷事件で、吉良は浅野から額と背中に二太刀をあびた。

このとき、浅野は「遺恨覚えたるか」と叫びつつ吉良に切りかかっている。当時、仇討ちをする際は、大音をあげて「覚えたるか」と言いながら切りかかるのを作法としていた。浅野は立派に、この作法通りに行動したのである。突然キレタとしたら作法など、どうでもよかったはずである。この点からしても、浅野が刃傷に及んだ理由としてしばしばあげられる突然逆上説とか持病説は、否定さるべきであろう。

話を元に戻すと、吉良が負った傷の手当を殿中でしたのは、幕府のお抱え医師で、当時南蛮流外科医として名高かった栗崎道有であった。

吉良の額の傷は、眉の上の骨が切れるやや深傷で、傷の長さは三寸六分（約一一センチメートル）ほどであった。また背中の傷は六寸（約一八センチメートル）余り切れていたが、浅傷であった。栗崎道有は額の傷は六針、背中の傷は三針縫って薬をつけ、吉良の着ていた白帷子《しろかたびら》を裂いて包帯とし、手当を終えた。

吉良義央の墓は牛込にあった万昌院（大正三年に中野区上高田の現在地に移る）にあるが、奇しくもこの吉良家の菩提寺に栗崎道有の墓もある。あの世でも傷の手当をしてもらおうというのであろうか。しかも万昌院は、大正期に中野区へやや遅れて移ってきた功運寺と合併して万昌院功運寺となるが、その功運寺の墓地に旗本奴《はたもとやっこ》の首領水野十郎左衛門の墓がある。

戦国の余熱いまださめやらぬ江戸初期のこと、新しい徳川社会の秩序からはみ出た浪人らを中心に、異様な服装で遊俠《ゆうきょう》的な行動を誇示した「かぶき者」が市井を横行した。髪を大立髪《おおだてがみ》に結い、おおげさなあごひげをたくわえ、腰には大刀《たち》を帯びるなどの派手な姿が衆目をあつめた。

彼らは体制内に安住せず、権威に抗しても意地を通そうとする者たちであり為政者の目からすれば、無頼の徒であり、無法者であった。幕府は江戸初期から、かぶき者に対する取り締まりをしばしば行った。

しかし、その後もかぶき者はあとを絶たなかった。浪人に限らず旗本の中にも、武士が刀のかわりに一生懸命そろばんをはじくような太平の世に不満をもつ者が、かぶき者のグループを形成した。かれらは旗本奴といわれ、その中心人物が水野十郎左衛門であった。

吉良義央と水野とは直接関係はないが、一方は儀式典礼を指導する雅《みや》びの世界の人物であり、その吉良がもっとも忌避すべきかぶく世界の代表的人物と、現在同じ墓域にいることの皮肉さを感じる。

小山田庄左衛門の末路

最後にもう一つ因縁話を、というより因果応報話を紹介しよう。赤穂義士ならぬ「赤穂不義士」の末路話である。

赤穂浪士の切腹から十八年目の享保六年（一七二一）正月十六日、江戸は深川万年町で殺人事件が起きた。殺されたのは同町に住む中島隆碩という町医師の夫婦であり、殺したのはその下人の直助という者であった。

江戸時代、主殺《しゆごろ》しは重大犯罪であった。早速町奉行所で探索したが、直助の行方は杳《よう》として知れなかった。そこで半年後の六月二十八日、老中戸田山城守忠真の指示にもとづき、全国指名手配となった。

「当丑正月十六日暁、深川万年町町医中島隆碩夫婦を切殺し、欠落《かけおち》致し候下人直助人相書」と題する指名手配の人相書は、実に詳細であった。直助の生国は上州、面はおも長で浅黒く、さかやき厚く、頭丸く、鼻筋通り、眉毛はあつく、二重目ふち、鼻下少し長く、頬骨《ほおぼね》少し高く、耳は中耳、目の下に少しほくろ有り、背は中背、少し前かがみ、腰は丸腰で帯ぎわより下の方長く、手足ふとく、年は二十二歳だが、二十四、五歳に見える、などとある。

当時の人相書は、こうした犯人の特徴を箇条書きにしたものであり、決して似顔絵を記したものではなかった。ともあれこの結果、直助は半月後に捕えられ、極刑に処せられた。七月十七日には、直助逮捕により、全国指名手配の解除が触れ出されている（国立公文書館内閣文庫蔵「仰出之留」）。

それからおよそ一世紀を経た文化・文政期に編纂《へんさん》された幕府官撰の地誌『御府内備考』によれば、直助に殺された中島隆碩という町医師は、実は赤穂の旧臣小山田庄左衛門その人だという申し伝えを記している。

すなわち同書の万年町一丁目の項に、

隆碩儀は、元播州赤穂御領主浅野内匠頭様御家来にて、小山田庄左衛門と申し、右御城内にて金子配当の砌、外御家来同様金子配当請け、其後同御家来大石内蔵助初め一同江戸出府仕り、本所吉良上野介様御屋鋪え一同入込み候前夜逃去り候者の由、其後外御家来切腹仰せ付けられ候後、同人儀は剃髪仕り、前書医師に相成り、町内え住居仕り、右始末に及び候由に御座候、其砌盗み取られ候金子は、右配当金にこれある由、先年より申し伝えに御座候。

とある。

小山田庄左衛門といえば、一旦は、吉良を討つため大石内蔵助に一味同心の盟約を提出した赤穂浪士であったが、討入り間近（前夜ではない）の十一月二日に逃亡した。討入り間近になって逃亡したのは、小山田のほかにも中田理平次、中村清右衛門、田中貞四郎、矢野伊助、瀬尾孫左衛門、毛利小平太らがいるが、小山田は逃亡の際、同志の金子少々と小袖《こそで》を盗んで逃げた。この武士にあるまじき行為により、討入り脱落者の中でも、小山田はもっとも評判の悪い人物であった。

その彼が、名をかえて十八年間生きながらえたが、結局は殺されたというのである。因果応報というべきか。先述の『御府内備考』によれば、彼が殺された屋敷を、里俗では「直助屋敷」と呼び伝えているという。これは加害者の名である。被害者の小山田屋敷ではないのである。不義の武士を殺した直助は、悪人でありながら鼠小僧と同じパターンの義賊として、人びとは屋敷名に長くその名を伝えた。そこに江戸っ子の判官びいき、大石びいきの忠臣蔵の世界を垣間《かいま》みることができよう。

『仮名手本忠臣蔵』の誕生

松の廊下の刃傷事件から奇しくも四十七年目の寛延元年（一七四八）に、『仮名手本忠臣蔵』が初演された。これは赤穂事件を題材にしており、公儀をはばかって江戸時代ではなく、わざわざ南北朝時代のことにしているが、登場人物の高師直《こうのもろなお》は吉良上野介、塩冶判官は浅野内匠頭、顔世御前《かおよごぜん》は浅野夫人あぐり、大星由良之助《おおぼしゆらのすけ》は大石内蔵助、お石は内蔵助の妻おりく、大星力弥《りきや》は大石主税、斧《おの》九太夫は大野九郎兵衛、織部弥次兵衛は堀部弥兵衛、早野勘平は萱野三平、寺岡平右衛門は寺坂吉右衛門、清水一角は清水一学を、それぞれモデルにしていると観客にはすぐわかる。

しかし、実際にあった赤穂事件をモチーフにし、実在の人物をモデルにしているからといって、大序の兜《かぶと》改めから十一段目の討入りまでのストーリーは、あくまでも芝居であって、史実そのものの再現ではない。随所に事件と無関係の創作や、男女関係の潤色などが織り込まれている。

たとえば、大序で、高師直が塩冶判官の妻顔世にしつこく言い寄るが、史実の上では浅野夫人と吉良上野介との間に何らの接点もない。二段目の大星力弥と加古川本蔵の娘小浪とが許嫁《いいなずけ》の仲だというのもつくり話。三段目の判官が師直に刃傷に及ぶ場面は、まさに史実をほうふつとさせるが、顔世にふられた師直の腹いせに判官いじめをしたという話や、判官のお伴をしていた早野勘平が腰元のお軽と恋を語らっていて、主君大事の場にいなかったと後悔し、お軽の郷里山崎に駆落ちする話などは創作である。

四段目は判官切腹の場、大星由良之助が駆けつけるが、実際の大石内蔵助は遠く赤穂にいて、主君浅野の切腹の場にいなかった。五段目の定九郎にお軽の父与一兵衛が殺され、勘平が猪と間違えて定九郎を鉄砲で打ち殺す有名な場面は全くの創作。八段目の加古川本蔵の妻戸無瀬と娘小浪、十段目の天川屋義平と女房おそのらは架空の人物である。

しかし、十一段目は、大星由良之助らが鎌倉の高師直邸に討ち入り、師直の首を討ってみごと本懐を遂げるという名場面、ここで観客は赤穂事件の史実と重ね合わせて拍手喝采《かつさい》し、めでたしめでたしとなる。

『仮名手本忠臣蔵』は、このように実説・虚説織り交ぜての波瀾《はらん》万丈のストーリー。忠臣蔵のあまりの面白さに、この後、人びとは史実としての赤穂事件と、芝居としての忠臣蔵とをゴチャ交ぜにして語り伝えることになった。しかもこの芝居によって、「判官びいき」、つまり浅野びいきの心情が、多くの日本人に定着した。

第三章　弓馬から忠孝へ

元禄の政治と武士たち

綱吉の政治

一般に「元禄時代《げんろく》」といえば、いつからいつまでを指しているか。当然のことながら、まず元禄という年号の十七年間（一六八八―一七〇四）を指していう。しかし今日では、ひろく五代将軍綱吉《つなよし》の治世期、つまり綱吉が将軍となった延宝《えんぽう》八年（一六八〇）から死去した宝永《ほうえい》六年（一七〇九）までの、およそ三十年間を元禄時代という場合が多い。

その綱吉による元禄政治の特色は、一口でいえば、将軍権威の強化をめざすものであった。将軍がロボット化し、譜代大名の有力者である大老や老中の掌中に政治の実権があることにたいする綱吉の巻き返しである。すでに大老酒井雅楽頭《うたのかみ》忠清によって裁決済みであった越後高田騒動の裁判を、将軍就任早々、綱吉みずからやり直したのは、その象徴的事例といえよう。

すなわち前将軍家綱の時代に、越後高田藩主松平越後守光長の家中において、世嗣のことなどをめぐって筆頭家老の小栗美作《みまさか》派と、光長の異母弟で家老の永見大蔵《おおくら》派との間で抗争が起き、すでに酒井忠清により、小栗美作方の勝訴の裁決が下されていた。小栗の妻は光長の妹であり、その子大六が世嗣予定者になった。一方、光長の養子松平三河守綱国を推す永見大蔵方は敗訴となり、永見派の面々は諸大名に召し預けの身となっていた。そのやり直し裁判を延宝九年（天和《てんな》元年＝一六八一）六月二十一日に、綱吉みずからが江戸城大広間において行ったのである。

御三家・老中・若年寄・寺社奉行・大目付・目付をはじめ、譜代の諸大名、諸役人の居並ぶなか、召喚された小栗・永見ら高田藩関係者にたいする尋問は、きわめて厳しいものがあった。老中の堀田筑前守正俊がもっぱら将軍綱吉の意をうけて尋問にあたったが、時には綱吉自身が尋ねる場面もあった。そして最後に、「御みづから大声を発し給ひ、これにて決案す。はやまかり立《たて》と宣《のたま》ふ。座中の輩《ともがら》、震懾《しんしょう》せざるものなし」と、『徳川実紀』（以下、本項での引用文は同書）は記している。

将軍みずからが裁判を行う、つまり将軍親裁は異例中の異例である。しかも評定所ではなく江戸城の大広間（最も重要な公式儀礼場）、出席者は御三家を筆頭に諸大名・諸役人が居並ぶ。舞台といい役者といい、すべて揃《そろ》ったところでの、綱吉のまことにみごとなパフォーマンスであった。その大声は、尋問を受けた高田藩関係者だけでなく、居並ぶ者すべてを震えあがらせた。そして将軍こそ最高権力者であることを、深く印象づけたのである。

しかも、翌日から次々に発表された判決の内容の厳しさと、何の関係もない子供にまで及ぶ総計四十名にものぼる判決対象者の多さは、時人《じじん》をしてこの新将軍にはとてもさからえぬという気持ちを持たせる結果となった。とくに高田藩関係者だけでなく、幕府側の関係者にも厳しい処断が下されている点が注目される。

すなわち高田藩関係者のうち、小栗美作とその子大六は切腹という最も重い判決。小栗派に対抗していた家老の永見大蔵と荻田主馬《しゅめ》は喧嘩両成敗で八丈島に配流。このほか高田藩重臣のうち、三宅島へ二名、大島へ三名配流、追放は六名。養子の松平綱国をはじめ諸大名への召し預けは十五名、このうち九名は小栗一族の男の子たちである。

一方、幕府関係者はといえば、酒井忠清は、このときすでに没していた（延宝九年五月十九日）ので処罰を免れたが、忠清の指示のもと高田騒動の裁判に直接関与した大目付の渡辺大隅守綱貞は八丈島に配流となり、彼の三人の男子も諸家へ召し預けとなった。このほか、松平大和守直矩と松平上野介近栄は、「兼て越後の家士争論の事、あつかひしさまよからねば」という理由で、それぞれ閉門を命じられた。さらに忠清の子酒井河内守忠挙《ただたか》をはじめ、酒井下野守忠寛、久世出雲守重之も縁坐制で、出仕遠慮を申し付けられた。本人に直接関係のないことではあるが、「父ども在職の時、越後家士訴論裁断のあしかりし《(悪)》」というのが処罰の理由であった。

そして決定打は藩主松平光長にたいし、家中不取締りの責任で二十五万石を没収、その身を伊予松山の松平隠岐守定直に預けた。いかに家康の曾孫であろうと、その母が二代将軍秀忠の女《むすめ》であろうと、容赦はしなかった。綱吉の治世中に処罰された大名は、この高田藩主松平光長をはじめ実に四十六家に及んだ。賞罰厳明は、親藩・譜代・外様を問わぬ綱吉の政策であった。赤穂事件にみる赤穂藩の改易もまた、綱吉のこの政策線上に位置した。

番方から役方へ

江戸幕府の大名統制に関する基本法は、武家諸法度である。慶長《けいちょう》二十年（一六一五）七月にはじまり、元和《げんな》三年（一六一七）六月、寛永六年（一六二九）九月、寛永十二年（一六三五）六月、寛文《かんぶん》三年（一六六三）五月と発布された。そして天和三年（一六八三）七月の武家諸法度は、五代将軍綱吉が発した。

武家諸法度の条文の数や内容に、それぞれ変化はあるが、一番大切な第一条の条文は、寛文三年まで、まったく変化がなかった。すなわち、「一、文武弓馬の道、専ら相嗜《あいたしな》むべき事」である。しかもそれに、次のようなきちんとした解説が付してある（原漢文）。

　文を左にし、武を右にするは、古の法也。兼ね備えずんばあるべからず。弓馬は、是れ武家の要樞也。兵を号して凶器となす。已むを得ずしてこれを用ゆ。治にも乱を忘れず、何ぞ修練を励まさざらんや。

これによれば、弓馬は武家としてもっとも重要なことだという。治にいて乱を忘れず、懸命に弓馬の修練に励めというのである。確かに大坂の陣や、島原の乱を経験している者たちに対しては、十分説得力があり、不動の第一条として、本条文は君臨していたのである。

しかし戦乱も遠のき、文治政治を展開するようになると、幕府の大名に対する姿勢も微妙に変化してきた。四代将軍家綱が発した寛文三年の武家諸法度は、従来どおり第一条に、「文武弓馬の道、専ら相嗜むべき事」を掲げているが、この主文一行だけで、そのあとに解説文が付されていない。弓馬の道、つまり戦争のために平素から修練を怠らぬようにという幕府の主張が、ここで明らかにトーンダウンしていることがわかる。

そして五代将軍綱吉が天和三年に発した武家諸法度の第一条は、「一、文武忠孝を励まし、礼儀を正しくすべき事」と、大転換を遂げる。「弓馬の道」が消えて、「忠孝」が前面に登場してきた。しかも忠孝に励むことは、礼儀を正しくすることに通ずるというのである。綱吉は、争乱への対処よりは、身分秩序の維持へと、政策の重点を移したのである。

なお、ここでいう忠孝は、命を捨てても忠孝に励めなどとはいっていない。礼儀を重んじるということは、武闘によって忠孝に励むということと矛盾するからである。

次代の新井白石による正徳《しょうとく》の治《ち》は、文治政治をさらに強力に推進したといわれるが、宝永七年（一七一〇）四月発布の武家諸法度の第一条は、「一、文武の道を修め、人倫を明かにし、風俗を正しくすべき事」と、「忠孝」の文字が「人倫」にすり変わっている。忠孝を名目にした切ったはったは、もう御免だというのではなかろうか。

ともあれ、戦争を知らない世代が主流となった元禄の武士社会では、大きな変化が生じた。武士が勤める役職は、大別して番方《ばんかた》と役方《やくかた》とにわかれる。番方は将軍（藩ならば大名）の護衛や、城をはじめとする軍事的要所の警固などに当たる役である。幕府の職制でいえば、大番・小姓番・書院番・新番などがある。

一方の役方は行政職のことである。これも幕府の例でいえば、側用人《そばようにん》・寺社奉行・勘定奉行・町奉行・代官などが役方である。つまり番方は、武をもって勤める武官であり、役方は筆をもって勤める文官である。

戦国の余熱いまださめやらぬ江戸初期には、武士本来の性格をもつ番方が、幕府でも藩でも重きをなしていた。しかし関ケ原の合戦から一世紀近く、大坂の陣から七、八十年、島原の乱からでも半世紀余も経た元禄時代には、戦乱のない太平の世が長く続いたため、番方武士はその本来の腕をふるう機会を失い、職制上の地位も低下していった。

これに対して、幕府や藩の安定的発展のために平和を維持し、年貢をスムーズに徴収し、領主財政を効率よく運用することなど、行財政に堪能な役方武士が、番方にとってかわって重きをなすようになった。

元禄の幕府政治の大きな特徴の一つに、封建官僚機構の整備があった。役方の機構の整備に力を入れたのである。

たとえば、勘定吟味役を創設して会計監査の新制度を導入したり、代官の綱紀を粛正し、元禄時代を通じて三十四名もの代官を処罰したりした。

一口に代官三十四名というが、もともと代官のポストは四十名余である。これは大人事異動であった。このように将軍綱吉の元禄政治は、役方を重視し、その機構の改革・整備に尽力したのである。幕府のみならず諸藩でも、元禄時代には番方に対する役方の優位は明確となり、役方の機構整備に力点が置かれるようになった。

こうした役方武士が肩で風切る時代の到来に、心穏やかでなかったのが番方武士たちである。父祖代々、戦場で命をかけて主君に忠節を尽してきた家柄なのに、いまさら太平の世だからといって、あの軟弱な役方を重用し、われわれ番方を軽んじるとは……、という不満である。

『葉隠』の世界

そうした心情を背景に記されたのが、江戸時代の武士道論の代表作といわれる『葉隠《はがくれ》』である。これは佐賀藩士の山本常朝の談話を、田代陳基《つらもと》が聞き書きし編集したものである。『葉隠聞書』ともいう。陳基が常朝から聞き書きした時期は、将軍綱吉が没した翌年の宝永七年（一七一〇）から享《きょう》保《ほう》元年（一七一六）までである。

山本常朝（一六五九—一七一九）の祖父の清明は、歴戦の戦国武士で文禄《ぶんろく》・慶長の朝鮮出兵にも従軍、父の重澄は、初代佐賀藩主の鍋島勝茂に従って大坂の陣に出陣し、ついで島原の乱でも戦功をたてた武勇の士であった。

こうした武門の誉れ高き家に生まれた常朝は、二代藩主光茂に仕え、元禄十三年（一七〇〇）、光茂の死を契機に剃髪《ていはつ》して人里離れた草庵に隠棲《いんせい》した。殉死が禁じられていたからである。

田代陣基が山本常朝の草庵を訪れ、談話を筆記しはじめたのは、隠棲から十年後のことである。『葉隠』という書名は、草深き所に隠棲している人の談話、というところからつけられたのであろう。

さて『葉隠』の内容であるが、いわゆる「葉隠精神」の基調は、常朝が提唱した四つの誓願によく示されている。

一、武士道に於ておくれ取り申すまじき事
一、主君の御用に立つべき事
一、親に孝行仕るべき事
一、大慈悲を起こし人の為になるべき事

これは佐賀藩士としての心構えを説いたものであるが、武勇・忠・孝に加えて仏教の慈悲を主張している。これと同じことであるが、常朝は、「武上たる者は、忠と孝とを片荷《かたに》にし、勇気と慈悲とを片荷にして、二六時中、肩の割入《わりい》る程荷うてさへ居れば、侍は立つなり」とも述べている。

さらにこの書の真髄は、次に引用する有名な文に凝縮されている。

武士道とは、死ぬ事と見付《みつけ》たり。二つ二つ之場にて、早く死ぬかたに片付《かたづく》計《ばかり》也《なり》。別に子細なし。胸すはつて進む也。

武士道とは死ぬことである。生か死か、いずれか一つを選ぶとき、迷わず死を選ぶことである。それ以上の意味はない。覚悟してただ突き進むだけだ、というのである。

このように、「死ぬ事」を武士の生き方の基本としたところに、葉隠精神の一大特徴がある。しかし『葉隠』を注意深く読むと、「死」の強調は、必ずしも「生」の否定ではない。「死」とは「死に物狂い」の「死」であり、死を恐れず純粋に生きる、その生き方を主張しているのである。

死に物狂いになった、たったひとりの武士に対して、たとえ数十人がかかっていっても殺すことはできないという話を、常朝は紹介している。死を覚悟してこそ、生を全うすることができるというのである。

ともあれ、こうした山本常朝の過激な発言の底流には、当時の佐賀藩士たちが、上方の軟弱な風俗になずみ、佐賀武士独特の剛勇な精神が失われつつあることに対する批判があった。それはまた番方武士の優位が、役方武士にとってかわられたことに対する不満をも代弁していた。

元禄武士の実像

山本常朝とほぼ同時代人だが、葉隠精神とはおよそ縁遠い、対照的な生き方をした人物がいる。尾《お》張《わり》藩士の朝日文左衛門重章（一六七四―一七一八）である。神坂次郎氏の名著『元禄御畳奉行の日記』

で活写された、あの朝日重章である。

彼は大変な芝居好きで、名古屋城下で興行される芝居という芝居を、実によく観ている。しかも観るといっても武士の身分、大っぴらに芝居小屋に入ったわけではない。途中で袴《はかま》を預け、編笠をかぶってのお忍び姿で、芝居小屋にもぐりこんだ。そうまでしてでも芝居を観たかったのである。

彼はまた、釣り道楽、投網道楽であり、遠路をいとわずしばしば魚とりに出掛けている。うんすん加留陀《かるた》や宝引《ほうびき》などの博奕《ばくち》などにも熱中していた。そのうえ大酒呑みで、女好きときている。弓術などの武道を形式的に稽古はしたが、大した腕ではない。漢学の勉強も体裁上はしているが、学問より物見遊山の魅力の方が圧倒的に強かったようである。

朝日家は曾祖父以来、代々尾張藩の御城代組同心で百石の知行取りの家柄であった。重章も家督を継ぐと、すぐに御城代組同心となった。名古屋城の警護隊であり、いわゆる番方である。しかし太平の元禄武士には、死を賭《と》して忠義を尽すといった場面はなかった。勤務は八日に一度登城して宿直すれば、それでよかった。随分のんきなものだった。

のちに役方である御畳奉行に出世し、いささか忙しくなるものの、畳の買い付けに京都や大坂に長期出張した際は、物見遊山に思いっきり羽をのばしている。総体的にみれば、暇でしようがない生活ぶりであった。

この朝日重章なる人物には、ちょっと他人にまねのできぬすぐれた特徴があった。実に筆まめなのである。とくに日記を書く根気は、常人のものではなかった。十八歳の元禄四年（一六九一）から書きはじめ、延々二十六年八ケ月、彼の死の前年の享保二年（一七一七）まで、日々この記録を書き続けたのである。

この日記の名を『鸚鵡籠中記《おうむろうちゅうき》』という。書名の籠の中の鳥は、体制の枠の中にはめこまれて抜け出られぬみずからの立場を皮肉ったものであろうか。また、日々みずから見聞する風説・事件等を、そのまま鸚鵡返しに書き記したという意味であろうか。

この日記には、自身の行動記録はもちろんのこと、当時の世相や物価の動向、天候、名古屋城下や三都に起こった大小の事件、演劇批評から博奕情報にいたるまでが書きつづられており、その内容は、きわめて多彩・豊富である。

ともあれ朝日重章の生き方が、元禄武士の平均的なものだったとは思わぬが、傾向としてはそれに近い姿が、元禄武士の実像だったのではなかろうか。

『葉隠』が示した武士のあるべき姿と、『鸚鵡籠中記』にみる武士の現実の姿とのギャップの大きさは、太平の元禄という時代をそのまま象徴している。

芸者と芸術

幕府に召し出された芸者

国立公文書館所蔵の内閣文庫本のなかに「延宝至正徳芸者被召出書付」という書名の史料がある。内閣文庫の目録でこの史料名をみたとき、思わずわが眼を疑った。延宝から正徳にかけてといえば、五代将軍綱吉・六代家宣《いえのぶ》・七代家継《いえつぐ》の三代にわたる時期であるが、この期間に幕府に召し抱えられた「芸者」のことを書き付けた史料だというのである。すごい史料に出合ったぞと、その瞬間、心中快哉《かいさい》を叫んだ。

とくに五代将軍綱吉なら、江戸城に選りすぐりの芸者を召し出し、三味線や踊りを楽しむことなど、いかにもやりそうなことだと思えたからである。しかし、続く六代家宣・七代家継の時代は、新井白石が政治をリードした「正徳の治」といわれる時代である。堅物の白石が、そんなことを許すはずがない。

そこで半信半疑の気持ちで、件《くだん》の史料を閲覧した。案の定、そこには、女性は一人も登場せず、ましてや三味線や踊りのムードなど、ひとかけらも見当らなかった。逆に、いともいかめしい肩書きの男性が、次々と目に映るのみであった。その最初の部分を抄出してみよう。

芸者被㆓召出㆒新規御切米・御扶持方被㆑下候書付

常憲院（徳川綱吉）様御代

（延宝八年）百俵・十人扶持　　外科　坂本　養庵

百俵　歯医　本康　宗碩
（天和二年）二百俵・十人扶持　医師　森　雲仙
二百俵・十人扶持　医師　長嶋　立庵
三百俵　儒者　木下　順庵
百俵　神道者　吉川　惟足
（貞享元年）百俵　歯医　本賀　徳順
百俵　天文職　保井　算哲
二百俵　外科　佐藤　慶庵

このようにして五代将軍綱吉（常憲院）の時に召し出された八十四名、六代将軍家宣（文昭院）の時の十八名、七代将軍家継（有章院）の時の十二名、合計百十四名の芸者の名前とそれぞれの切米・扶持が列記されている。

この芸者百十四名の内訳をみると、肩書に「医師」とあるのが五十四名、「外科」が十一名、「針医」が七名、「歯医」が五名、「検校《けんぎょう》」が五名で、医者関係が圧倒的に多く、八十二名をも占めている。そのほかは「儒者」が十八名、あとは「神道者」「天文職」などさまざまである。

要するに、幕府お抱えの侍医・侍講らの名簿である。なかには、先に紹介した木下順庵《じゅんあん》・吉川惟《これ》足《たり》・保井算哲《さんてつ》のほか、今日でもよく名の知れた人物がかなりいる。たとえば、貞享《じょうきょう》二年に二十人扶持で杉山検校、元禄二年に二百俵で医師並びに歌学者の北村季吟《きぎん》、元禄四年に二百俵で外科の栗崎道有、元禄十一年に百五十俵で河村瑞賢《ずいけん》、正徳元年に二百俵で室新助が召し抱えられている。

いうまでもなく、木下順庵（一六二一―九八）は朱子学者として著名、その門下に木門の五先生と称される新井白石・室鳩巣《きゆうそう》ら俊英の士が輩出している。室新助（一六五八―一七三四）すなわち室鳩巣のことであり、赤穂浪士の仇討ちに感じて『赤穂義人録』を書いた人でもある。吉川惟足（一六一六―九四）は吉川神道の創始者。保井算哲（一六三九―一七一五）は貞享暦の作成者で、子孫代々幕府天文方に任ぜられた。なおその父算哲は、幕府の棋所に勤任して有名。

杉山和一検校（一六一〇―九四）は杉山流鍼《しん》術の創流者で、元禄五年には関東総録検校に任ぜられている。北村季吟は医者の家に生まれたが、松永貞徳の門に入って俳諧を学び、のち古典注釈家として『源氏物語湖月抄』『枕草紙春曙抄』『土佐日記抄』等々、数々の著書を公けにした。河村瑞賢（一六一七―九九）についてはいうまでもなかろう。江戸前期具眼の商人として著名なばかりでなく、東廻り・西廻り航路の開発者であり、諸河川の治水土木工事にも活躍するという、いわば日本海運・治水史上の一大功労者でもある。

要するに医術・学術・武術等にたけた人々、これらが「芸者」という名で総称されていたことがわかる。十七世紀から十八世紀初頭における「芸者」の内容は、こういうものだったのである。

綱吉の人材登用

元禄政治の特色の一つとして、人材の登用政策がある。とくに在野のすぐれた儒者や医者をはじめ、技芸に秀でた人物の発掘である。もちろん人材の登用といっても、旗本に抜擢するのではなく、切米百俵とか二百俵の御家人に登用する場合が多い。これが、先述の芸者たちであった。

『常憲院殿御実紀附録』には、綱吉は「好文におはしませし故、草野の儒者ども時にあひて、新に召出されしものあまたあり」と記し、林大学頭信篤の門人十名の名前を列挙している。

さらに儒者だけでなく、「道々の才芸ありて、用に立べき者も多く抜擢せられけり」として、とくに河村瑞賢、保井算哲、北村季吟、吉川惟足、住吉具慶を、それぞれ登用の意図など、解説づきで記している。

たとえば、保井算哲を天文方に命じたが、「これは当家にて暦官置れし創始なり」とあり、京都から北村季吟を召し出し、「関東にて和歌の家といふものをはじめ置れぬ」とあり、吉川惟足を召し出し、「新に神道の一職を置れぬ」とある。いずれも創始の職に登用しているところに特色があろう。

住吉具慶も例外ではない。「関東にて画工といふは、狩野一家のみにてありしを」、綱吉は具慶が「絵事に堪能のよし聞しめされ、召出され、土佐の一家を設けられしなり」とある。

こうした、その道その道の堪能者が、当時は総称して「芸者」と呼ばれていたのである。おそらく、これは芸術者の略であろう。当時の「芸術」という語は、学問や武芸を意味していた。

江戸幕府の法令集に「御触書集成」がある。これは、寺社の部・衣類の部・米穀の部・風俗の部等々の部類別に編纂《へんさん》されたものであるが、そのなかの芸術の部というのをみると、医学・儒学・天文学・歌道といった「学文」、および弓術・馬術・剣術・槍術・柔術・砲術といった「武芸」に関する法令がたくさん収録されている。

このことから、当時の「芸術」とは学文武芸＝文武の道を指していたことが知れよう。事実、寛政《かんせい》五年の御触にも「文武之芸術書上之儀云々」とある。

江戸時代の学問、とりわけ科学的な洋学の影響をまだあまりうけなかったころの学問は、今日いうところの真理の探究といったことは十分認識されず、あくまでも技術の修得とか、先人の言葉や文章を暗記したり解釈したりすることが、その大半を占めていた。

したがって、武芸はいうに及ばず、学問の世界でも修練による「芸」と「術」とがその基底にあったのであり、武芸者と並んで学者や医者のことを、芸術者＝芸者と呼んでも、当時としてはおかしなことではなかったのである。

もっとも江戸時代の芸術は、単に学問・武芸の分野に限らず、もっと広く、たとえば今日の大衆芸能の分野のものも、芸術と称していた。もちろんすぐれた大道芸も、当時は立派な芸術であった。幕末であるが、『武江年表』の慶応二年（一八六六）の条に、

今年、独楽《こま》廻し・軽業《かるわざ》・技幻《てづま》等の芸術をもて、亜墨利加《あめりか》人に傭《やとわ》れ、彼国《かのくに》へ趣《おもむ》きしもの姓名、左の

如し。是は当春横浜に於て銘々其技芸を施しけるが、亜米利加のベンクツといふ者の懇望により、当九月より来る辰年十月迄、二年の間を約し、傭れけるよし也。

とある。そして浅草奥山の大道芸の松井源水をはじめ二十四名の名前が列挙されている。明治以降に使用された芸術という言葉と、江戸時代の芸術との間に、大きな開きを感じる。今はただ、そのことだけを指摘しておこう。

〝生類憐みの令〟への抵抗

〝お犬さま〟の横行

元禄時代といえば、かの〝生類憐みの令〟についてふれぬわけにはゆくまい。

将軍綱吉は、就任当初から儒学や仏教の教えによる人心教化につとめた。牛・馬・犬を初めとする諸生類の保護を命じた生類憐みの令も、その一環であった。

「将軍の御成《おな》りになる道筋に、犬や猫がうろついても構わないから、つなぎとめることは無用である」という趣旨の貞享二年（一六八五）の江戸町触が、この法令のそもそもの初めといわれる。そして貞亨四年以降、生類憐みに関する法令が本格化し、二十余年にわたって頻繁に発令された。

その内容も多岐にわたった。曰《いわ》く、重病の牛馬を遺棄するな。馬の筋を伸ばしたり、尾先を焼いたりする風習を止めよ。牛馬に重い荷物を負わせるな。犬が大八車や牛車にひき殺されぬように注意せよ。犬の喧嘩は水をかけて引き分けてやれ。江戸市中のすべての飼犬の数や毛色などを帳簿に記載させよ。

まことに詳細、かつ徹底した政策であった。しかも保護の対象となった生類は、右に記した牛・馬・犬だけでなく、猫・猿・鶏・亀・蛇など、鳥類から魚介類にまで及んだ。

幕府の台所では、公けの饗応を除いて、鳥類・貝類・海老などを料理に用いないこととした。また、将軍の鷹狩り用の鷹や捕獲した鳥を、伊豆七島で放っている。鷹狩りの廃止（のち八代将軍吉宗が復活）にともない、鷹を飼育するという仕事がなくなった鷹匠たちは、次々に役替えを命じられた。なかには、後述する犬小屋に配置替えになった鷹匠もいた。

生類憐みの令が出ると、人びとは後難を恐れて動物の飼育を嫌ったため、とくに飼主に捨てられた野犬が急増した。江戸市中には、飢えた野犬があふれ、人びとに危害を加えた。

この野犬に対し、もし人が叩《たた》いたり殺したりしようものなら、それこそ生類憐みの令違反で、たちまち厳罰に処せられた。犬たちは往来の真ん中を、のっしのっしと歩き、人間たちはこれを避けるように、道の端をこそこそと通るという、滑稽な光景が現出した。

元禄の江戸の路上は、決して平和ではなかった。〝かぶき者〟の姿が消えたと思ったら、今度は〝お犬さま〟の横行である。

幕府は、こうした事態に対処して、元禄八年（一六九五）に四谷（現在の新宿駅南口付近）に約一万九千坪、大久保（現在の新宿区東大久保二丁目付近）に約二万五千坪の犬小屋を設け、多数の野犬を収容した。

それでもなお野犬はふえ続けたので、同じ元禄八年から翌九年にかけて、中野（現在の中野駅周辺一帯）にも約二十九万坪という広大な面積の犬小屋がつくられた。ここには十万疋《びき》以上の野犬が収容された。

これら三ケ所の犬小屋は、正式には「御囲」とか「御用屋敷」などと呼ばれた。その総工費は、おそらく金二十万両は下らぬと推定されるが、費用のほとんどは大名たちの助役によって賄われた。収容した犬は、一日一疋あたり米二合と銀二分ずつかかったといわれるが、その飼育経費は、幕府領の農民から「犬扶持」名目で高百石につき米一石の割合で上納させるとともに、江戸町人からも、間口《まぐち》一間につき金三分《りん》ずつを献納させた。農民・町民らは、重い年貢のほかに、さらに余計な負担を背負わされたのである。

また江戸近郊農村では、犬を強制的に預けさせられ、飼育させられるという制度もあった。犬一疋につき「御犬養育金」を一年に金二分ずつ幕府から下賜されたが、こんな少額では飼育に採算が合わず、これまた農民にとって厄介な負担であった。

このように、大名にとっても庶民にとっても、迷惑千万な生類憐みの令であった。そのうえ、生類憐みの令の違反者に対する幕府の取締りは非常にきびしく、実際に死罪や遠島の刑に処せられた者が多数にのぼったから、事態はまことに深刻であった。

たとえば元禄八年十月には、大坂定番の与力・同心十一名は、鉄砲で撃ちおとした鳥類を町人に売り、小銭を稼いでいたのが発覚し、生類憐みの令違反で全員切腹を命じられた。しかもその子供たちまでが遠島となった。このほか、病馬を捨てたり、犬を斬ったために遠島に処せられた町人・農民の例などは、枚挙にいとまがない。

新井白石の『折たく柴の記』によると、生類憐みの令に違反したかどで処罰された者の家族で、「流離散亡」すなわち一家が離散した者は数十万人にものぼったといわれる。

生類を憐むこと自体は、仏教の慈悲にもとづき古くからみられたが、それが偏って拡大解釈され、人命の方が軽視されるという異常な政策に陥った。殺伐とした気風を戒めようとした点において、生類憐みの令は、いちおう文治政治の政策線上に位置づけることができるが、きわめて観念的・偏執的に適用したところに問題があった。

こうした悪法を、当時の人びとは何の抵抗もなしに黙って受け入れていたのであろうか。そんなはずはなかろう。案の定、実際にかなり強烈な抵抗運動を展開していた。

尾張藩士の朝日重章の日記『鸚鵡籠中記』には、名古屋城下のことのみならず、江戸市井のニュースも数多く記録されている。そんな中に、次のような注目すべき記事があった。

頃日《けいじつ》、江戸千住海道に犬を二疋磔《はりつけ》置く。札に此の犬、公方《くぼう》の威を仮り諸人を悩すによつて、此の如く行う者也。又は、浅草の辺に狗《いぬ》の首を切り、台にのせ置く。御僉議として黄《こがね》二十枚かかる。

すなわち、元禄八年二月ごろのこと、千住街道の路傍に二疋の犬が磔の刑に処せられていた。すぐ脇に立てられた高札に、「この犬は将軍の権威をかさにきて人びとを困らせたので、このように処刑した」と記されてあった。まさに痛烈な生類憐みの令批判である。

また浅草のあたりでも、犬の首を切って台にのせてあった。獄門の刑である。怒った幕府は、これら犯人を捜索するため、密告者に金二十枚を与える旨の触を発した。

馬のものいい事件

生類憐みの令に対しては、こうした過激な抵抗ばかりではなかった。

元禄六年六月、江戸の町奉行から一通の不思議な触が出された。その内容は、

近頃、馬がものをいう由を、いいふらす者がいる。たいへん不届の至りである。何者がいいふらしているのか、一町ごとに順々に話した者を調べよ。そして最初にいい出した者が見つかったら、どこの馬がものをいったか、書付《かきつけ》にして提出せよ。

また、はやり病いに対する薬の処方をいいふらす者がいるというが、これも一町ごとに調べよ。もし隠す者がいたら厳罰に処す。

というのである。これは『正宝事録』という江戸の町触集に掲載されている。

馬がものをいう、つまり話をする馬がいるという流言に、幕府は神経をとがらせて、犯人探しの町触を出したのである。世に、〝馬のものいい〟事件という。

『正宝事録』には、流言の出所の探索をするため、江戸住民一人ひとりから調書をとったと記されている。その数は三十五万人余にのぼったという。草の根を分けても犯人を捕えようという、幕府の異常なまでの熱意がうかがえる。

その甲斐あってか、同年九月に犯人が逮捕された。翌元禄七年三月の江戸町触には、次のような犯人処刑の申渡書が添えられてあった。

浪人　築紫園右衛門

此の者の儀、去年夏中、馬ものを申すよし虚説申し出し、その上はやり煩《わずらい》よけの札、ならびに薬の法組を作り、実なき事を書付け、流布いたし、重々不届について、江戸中引廻し、斬罪に申し付くる者也。

斬罪に処せられた築紫園右衛門は、浪人とはいえ、実は幕臣の近藤登之助組与力の築紫新助の弟であった。

かれは、今年は悪疫が流行すると流言し、それに対する薬の処方を書付けて、世間に流布させたようだ。しかしこれだけでは、おそらく処罰はされても、斬罪という極刑に処せられることはなかったであろう。

この事件で、幕府がとくに問題にしたのは、ある馬が今年は悪疫が流行すると予言したのを築紫園右衛門が聞いて、それをもとに流言したという点であろう。

馬が人間の言葉を話すわけがない。それにもかかわらず、馬がしゃべったことに人間がまどわされて、病い除《よ》けの薬を競って求めた。

この事件は、明らかに馬が諷刺《ふうし》の対象になっている。そのうえさらに、馬が語ったことに右往左往する人間自身に対する、痛烈な諷刺にもなっている。したがって馬を大切に保護せよという生類憐みの令への批判であると、幕府はこの事件を深刻に受けとめたのである。それ故にこそ、この犯人探しは、異常なまでに徹底していた。

なお〝馬のものいい〟事件は、単なる流言事件だけではなかった。斎藤隆三著『近世世相史』によれば、「馬のものいい」という書名の小冊子が非合法に出版されたという。

この小冊子は存在していないので、確かなことはいえないが、斎藤氏によればその内容は、馬・狼・猪から鳶・烏・鳩・雀など、あらゆる鳥獣が集まって思い思いに気焔《きえん》をあげ、人を卑しめる言葉をはくという筋書である。しかも、鳥獣には将軍、大奥の女性、幕閣の重臣たちなど、時の権力者たちが擬せられていたという。これが事実とすれば、明らかに生類憐みの令を批判した地下出版物ということになる。

流言といい、秘密出版といい、元禄政治への批判は、さまざまな情報媒体を利用して根強くなされたのである。

生類憐みの令は、「百年ののちまでも、ずっと実施してほしい」という綱吉のたっての遺言にもかかわらず、宝永六年（一七〇九）、綱吉死去の直後に廃止された。

第四章　江戸の社会と経済——江戸と上方

紀文と奈良茂

遊里豪遊の両大関

元禄《げんろく》の豪商といえば、すぐ思い出されるのが紀文と奈良茂、すなわち紀伊国屋文左衛門と奈良屋茂左衛門である。いずれも元禄という時代を背景にして、一代で豪商に成りあがったといわれる。

そもそもお客の始まりは、高麗《こま》もろこしは存ぜねど、いま日本にかくれなき、紀伊国文左でとどめたり。

さてその次の大尽《だいじん》は、奈良茂の君でとどめたり。

これは遊里吉原で流行した「大尽舞」という唄の一節である。紀文と奈良茂は、当時の遊里豪遊の両大関であった。今日伝えられるその豪遊逸話も、けたはずれのものばかりである。

ある雪の日、奈良茂は吉原の茶屋に雪見酒としゃれこんでいた。これを聞いた紀文が、その雪をとかして奈良茂の興をそいでやろうと、わざわざ奈良茂のいる真向いの茶屋に陣取り、小判や小粒金など三百両ほどを雪の中にまいたので、あたりの人びとがわれ先にこれを拾おうと群れ集まり、奈良茂が楽しんでいた折角の雪を、みるみるうちに踏み消してしまったという。

またある年、紀文が本当の意味での初鰹《はつがつお》を賞味するため、江戸中の初鰹を一本残らず買い占めて、そのうちのたった一本だけを食べたという話は有名である。これに似た逸話は奈良茂にもある。奈良茂が友人へのみやげに蕎麦《そば》をたった二箱持参した。奈良茂にしては馬鹿にケチだなと、友人が周辺の蕎麦屋に追加注文すると、その日一日、周辺の蕎麦屋という蕎麦屋の蕎麦を、あらかじめ奈良茂が残らず買い上げてしまったので売り切れであった。

こうした彼らの豪遊逸話は、数え挙げたらきりがない。このほか江戸川柳にも、紀文の豪遊ぶりが登場する。

紀の国屋蜜柑《みかん》のやうに金をまき

両方の手で大門を紀文しめ

前の句は、紀伊国屋という屋号から紀州名産のみかんが連想されている。後の句は、当時吉原を一人で買いきって他の客を入れぬことを、「大門をうつ」とか「大門をしめる」といい、その値段は一夜千両といわれた。「両方の手」つまり十本の指が、その千両を暗示している。一口に千両というが、当時千両といえば大変な金額である。

紀文・奈良茂の数々の豪遊ぶり、話半分としても随分ばかげた遊びをしたものである。なぜ彼らは、こんな豪遊をしたのであろうか。人並みすぐれた才覚を有していたからこそ、一代にして豪商にのしあがれたのである。その彼らが、何の目的もなしに遊びほうけるはずがない。

そこには、彼らなりの計算が働いていたように思われる。今日でいう広告宣伝である。とくに吉原での豪遊は、たちまち江戸中に噂として広がった。当時の吉原は、流行の発信源であり、情報の発信地でもあった。テレビもラジオもない時代、宣伝媒体として、吉原はきわめて有効に機能した。紀文も奈良茂も、豪遊を通じて自己の資本力の大きさを宣伝できた。ではなぜ彼らは、資本力の大きさを誇示・宣伝しなければならなかったのか。

このほか、紀文も奈良茂もなぜ一代にして大金持になれたのか。また、なぜ元禄時代を過ぎた途端に急速に衰退していったのか。彼らの経歴についても謎《なぞ》はとかく多い。まずは紀文の経歴から追うことにしよう。

紀伊国屋文左衛門の履歴

紀伊国屋文左衛門の履歴を概観するために、ある辞典の記事を紹介しよう。それには、

紀ノ国屋文左衛門　一六六五〜一七三四　元禄時代の豪商。紀州に生まれた。風波のため航路が絶え、紀州ミカンが地元で下落し、江戸において騰貴したのを見て、決死の覚悟でミカンを江戸に運送し巨利を博した。〈沖の暗いのに白帆が見える、あれは紀州のミカン船〉の俗謡によっ

て世人に深い印象を与えた。のち江戸八丁堀に材木問屋を営み、幕府御用達商人となり、上野寛永寺根本中堂の資材調達などをおこなって巨富を積んだ云々

とある。おそらくこれが、紀文に関する国民の一般的知識の水準を示すものであろう。

しかし紀文の履歴は、未《いま》だそれほど明解になってはいない。第一、肝腎の生没年であるが、右の辞典によれば生年は寛文《かんぶん》五年（一六六五）で、没年は享保《きようほう》十九年（一七三四）、七十歳で没したとあるが、果たしてそのように断定できるのであろうか。また、紀文が紀州の生まれであるという証拠があるのであろうか。

世間によく知られた紀文のみかん船出世話も、前掲の辞典に史実として記されている。すなわち、東海地方に暴風雨が吹き荒れ、江戸と上方との廻船が途絶えた。江戸のみかんの値段は、みかんをまく「ふいご祭り」を間近にひかえ、入船がないので非常に高騰した。一方、産地の紀州ではみかんが大量に滞荷して価格は暴落した。このとき紀州の文左衛門は、決死の覚悟で暴風雨のなか、みかんを満載して出帆し、無事に江戸に着いて大儲《おおもう》けをし、これを元手金として、江戸に出て材木商をはじめたという話である。果たして、この話も本当であろうか。

まず生没年であるが、前掲の辞典では寛文五年の生まれとしているが、根拠はまったくない。生年は現在のところ不詳とするのが正しい。没年については、享保三年（一七一八）と享保十九年の両説がある。菩提寺の深川霊巌寺塔中成等院（浄等院）にある紀文の墓の碑銘に、「本覚院還誉到億西岸

信士　享保三戌年正月二日」とあるが、過去帳には「帰性融相信士　享保十九年寅年四月二十四日」とある。これが両説のそれぞれの根拠である。文化元年（一八〇四）に『近世奇跡考』という書を著わし、紀文の伝記を考証した山東京伝は、過去帳を調べたらしく、享保十九年に没したと記している。いずれにせよ明治以降の研究者は、この墓碑銘と過去帳の記事との差異に悩むこととなる。紀文大尽と称されたほどの人物だから、本覚院という立派な戒名の方がふさわしいと考えたり（享保三年説）、晩年は零落したから帰性融相という簡単な戒名の方が正しいと主張したり（享保十九年説）、実は享保三年に没したのは初代で、享保十九年に没したのは二代目だとしてつじつまを合わせる説をたてたりするなど、さまざまな説がある。しかし後述の『江戸真砂《えどまさご》六十帖』（寛延《かんえん》頃〈一七五〇〉の成立）の記事から、紀文の没年は享保末～元文年中あたりと推察されるので、これに該当する山東京伝の享保十九年説がもっとも有力といってよいであろう。

次に、紀文は紀州の生まれで、暴風雨のなか決死の覚悟でみかんを江戸に船送し大儲けをした、というのは事実であろうか。紀文の没後、もっとも早く紀文について記した『江戸真砂六十帖』には、紀州生まれであることも、またみかんで大金持になった話も全然見当たらない。

北八丁堀三丁目紀伊国屋文左衛門といふは御材木御用達、金子沢山にて威を振ひしなり。第一、悪所にての金遣ひの名人、上方にも今西鶴が賛た古本あり。江戸揚屋和泉屋にて小粒の豆まきをしたり。是は慥に今吉原の年寄の覚えたり。銭座に掛りて紀伊国屋銭とて未だに有り。此銭より、始めて銅計りにてちひさくなりて悪しく成り始なり。しかし江の嶋に石垣建立して名は残しぬ。後には段々悪く成て、法体して深川八幡宮一ノ宮居前に住み、七、八年以前まで長命なり。

右によれば、紀文は幕府用材の調達を請け負っていた御用材木商であり、大金持であったこと、遊里吉原での豪遊の名人であったこと、銭貨の鋳造を請負ったが、これが衰運の契機となったこと、晩年には微禄して深川八幡《ふかがわはちまん》の一の鳥居付近に隠棲したこと、長命であったが七、八年前すなわち享保末〜元文年中に没したことなどがわかる。しかし紀州出身であることや、みかん船の話は登場してこない。『江戸真砂六十帖』の著者は、紀文とほぼ同時代人であるだけに、その記事はかなり信用のできるものである。

紀文が紀州と関係があることをはじめて述べたのは、前述の山東京伝である。『近世奇跡考』に、「紀文は一代の富家なりとおもふ人おほし。已《すで》に父あり。父、紀州熊野より江戸にいで、、一代にとみけるとぞ」とあり、紀文の父を紀州熊野の出身と推定している。しかし、その根拠を何も示していないので、ただちに承服するわけにはいかない。屋号が紀伊国屋だから、紀州出身とは限らない。

また、人口に膾炙《かいしゃ》している紀文のみかん船出世話が、どこから生じたかを追ってみると、幕末の小説に発していることがわかった。

実は、幕末期に出版された二世為永春水の『黄金水大尽盃《おうごんすいだいじんさかずき》』という小説が、その話の発生源である。紀文の一代を実名で描いているが、あくまでも小説であり、史実とは異なる自由奔放な筋立てになっている。暴風雨をついての決死のみかん船出帆のくだりも、そのなかの一節にある。

この幕末の実名モデル小説によって、みかん船出世話を中心とする紀文一代記が世人の間に定着し、明治以降、歌舞伎や講談・浪曲などにさかんにとりあげられ、紀文の虚像がどんどん一人歩きすることとなった。史実と小説が混同された典型的な例である。

紀文は、みかん船ではなく、幕府の材木御用達として蓄財したのである。材木屋を開業したかれが、豪商と呼ばれるほどに大きく飛躍したのは、元禄十一年の江戸上野寛永寺根本中堂の造営用材の調達請負であったという。この際紀文は、五十万両の巨利を博したと世に伝えられている。このの約十年間が、かれの黄金時代であった。

当時、材木は濡《ぬ》れ手《て》で粟《あわ》の大儲けができる商品であった。採材の場所は、主として大井川上流の千《せん》頭《ず》山をはじめとする駿州・遠州の山々であった。駿《すん》府《ぷ》の豪商松木新左衛門は、紀文のよきパートナーとして知られている。

その松木新左衛門に関する情報をあつめた『始末聞書』には、「元禄の末か宝永《ほうえい》の初めのころか、江戸御殿御修造の御材木を、駿州千頭山の御林より伐出す。その御入用請負を、江戸の紀伊国屋文左衛門という者と松木新左衛門との両人に仰せ付けられ、御材木滞りなく江戸へ着船し、御用相済みて大金を儲けしよし」と記されている。また、この御用木を伐出した千頭山には、文左衛門山とか新左衛門山というように、伐出人の名を記念してつけた山があり、この俗称は、のちのちまでも通用していた。

かれの豪遊も、まさにこの時期が頂点であったろう。その生活も豪勢であったらしく、山東京伝の『近世奇跡考』に次のように書いてある。

紀伊国屋文左衛門は、材木問屋を家業として、世に聞えし豪家なり。性活気にして、常に花街雑劇に遊びて、任俠《だてひき》をこととし、千金をなげうちて快とす。故に、時の人紀文大尽と称して嫖名一時に高し。宝永の頃までは、本八丁堀三丁目、すべて一町、紀文が居宅なり。毎日定りて、畳さし七人づつ来りて畳をさす。こは客を迎ふるたびに、新しき畳を敷きかへたる故とぞ。此一事をもつて、その豪富なるを知るべし。

老中阿部正武との関係

幕府の御用を請け負うためには、幕閣の実力者とのつながりが必要であった。紀文は、元禄政治を推進した老中阿部正武《あべまさたけ》と、しっかり手を組んでいた。

忍《おし》（埼玉県行田市《ぎょうだ》）藩主の阿部正武家の記録『公余録』の元禄十六年（一七〇三）九月十五日の条をみると、「紀伊国屋文左衛門、銅山見分《けんぶん》の為罷《まか》り越し候に付、御目見《おめみえ》拝領物仰せ付けらる。十六日江戸発足、爰元《ここもと》一宿、秩父へ罷り越し候間、諸事不自由これなき様申し付くべき旨申し来る」とある。短い記事であるが、内容は非常に豊富である。

忍藩主の阿部正武は、将軍綱吉《つなよし》の信任あつく、延宝《えんぽう》九年（一六八一）から没する宝永元年（一七〇四）まで二十三年間も老中を勤めた人物である。この政界の大立者《おおだてもの》に紀文は御目見し拝領物を頂戴した。しかも忍領内に属していた武州秩父郡の銅山見分に、紀文は忍藩から特別待遇をうけている。

江戸藩邸で阿部正武に御目見した翌日の元禄十六年九月十六日、紀文は江戸を出立して正武の国元の忍に一泊、十七日には秩父に向かうこととした。そのため紀文に不自由な思いをさせぬよう、しっかり受けいれ態勢を整えよと、わざわざ江戸藩邸から国元の忍へ命令が伝えられた。紀文は、まさに忍藩の賓客であった。

幕閣の実力者阿部正武と紀文との、このような緊密な関係の背景として、忍藩への資金調達（大名貸）を紀文が引き請けていたことを挙げることができる。

『江戸真砂六十帖』とほぼ同じころに成立したとみられる『諸聞集《しょもんしゅう》』という書に、晩年の紀文にかんする記事がある。そのなかに、「阿部豊後守より一年に米五十俵・金五十両づつ贈らる。是《これ》は金の利息なり」とあり、紀文の忍藩への大名貸が裏づけられる。

老中阿部正武は、天和《てんな》元年（一六八一）に江戸城二の丸修理の惣奉行、元禄二年には三の丸普請の奉行、宝永元年には湯島聖堂再建の惣奉行など、いくたびか幕府の土木建設事業を統轄しており、この間に材木商紀文との交流が生じたであろうことは察するに難くない。また元禄十四年には、国元で忍城の大規模な普請が行われており、あるいは紀文が、この用材調達に関係していたかもしれない。

阿部正武は清廉であり、大老格の柳沢吉保《やなぎさわよしやす》や勘定奉行の荻原重秀《おぎわらしげひで》とはかなり違うタイプの政治家といわれている。しかし、すでに述べたごとく紀文との癒着は明白である。幕府の材木御用達として紀文が活躍できた背景に、老中阿部正武がいたことは否定できまい。

しかし官営の土木事業をさかんに行った積極財政の元禄政治が終わりを告げ、かわって諸事緊縮を旨とする新井白石の「正徳《しょうとく》の治《ち》」が始まると、材木御用達は金儲けの機会がなくなり、転・廃業を余儀なくされるようになった。その多くは、大名貸による利金収入と、貸家業による店賃《たなちん》収入で生活する「仕舞《しも》うた屋」になった。

紀文もその例外ではなく、十八世紀初頭の宝永末年か正徳のころに材木商を廃業した。宝永五年に、かれは大銭（十文銭）の鋳造を請け負ったが、一年たらずでそれが通用停止となったため、大きな損失をうけたことも、材木商廃業の一因になったようだ。しかも、かつてのように一攫千金《いっかくせんきん》のボロ儲けができなくなったにもかかわらず、相変わらず豪勢な生活をつづけていたので、蓄財をどんどん食いつぶし、急速に家運が傾いていった。八丁堀の本邸を売り払い、晩年は剃髪《ていはつ》して意笠《いせん》と号し、深川八幡の一の鳥居辺に隠棲《いんせい》して、この世を去った。

なお紀文の晩年が尾羽打ち枯らして非常にみじめな生活だったと喧伝《けんでん》されているが、深川隠棲の際にまだ四万両があったといわれている。貸金の利息や店賃の収入もあったと思われるので、かつての豪勢さにくらぶべくもないが、悠々自適の生活であったと推測される。

紀文の息子

最後に、ごく最近入手した紀文に関する貴重な情報を紹介しよう（林泰志氏の教示による）。

すなわち、東海道保土ケ谷宿（現横浜市）の本陣苅部《かるべ》家に、紀伊国屋文左衛門の次男新四郎が聟養子に入り、家督を継いで同家の六代目・清兵衛（実際は七代目か）になったという事実である。同家の嘉永二年（一八五〇）の記録「本陣起立幷《ならびに》由緒書上帳」のなかから、紀文に関係する部分のみを左に引用しよう。

　往古は持高等も多分これあり、右余潤を以て家作修復等致し来り候得共、火難・風損・地震等にて追々困窮に及び、五代目清兵衛代には所持田畑も残らず他え相渡し、家作大破に及び、既に退転にも及び申すべき処、同人男子これなきに付き、江戸深川紀伊国屋文左衛門二男新四郎と申す者、多分の金子持参、聟養子に貰い請け家督相続、其の砌、実家より家作普請致し呉れ、漸く取り続き申候所、同人儀も壮年にて病死仕り（下略）

これによれば、元禄時代には火災や風災や震災によって苅部家は破産寸前に陥っていたが、江戸深川の紀伊国屋文左衛門の次男新四郎が、持参金つきの聟養子として同家に入り、そのうえ実家の資金で家まで新築してもらったので、保土ケ谷宿の本陣としての勤めが再びできるようになったという。

ここに登場する紀伊国屋文左衛門は、元禄の豪商として有名な紀文その人であろう。わが子のためとはいえ、相当な資金を大盤振舞《おおばんぶるま》いしているのは、いかにも彼らしい。ただし江戸本八丁堀ではなく江戸深川とあるので、紀文が店仕舞いをしたあとのことと思われる。店仕舞いをしたあとでも、金はたくさん貯えていた。紀文の次男は幼名を新四郎といい、養家の当主となり苅部清兵衛吉一を名乗った。ただし若くして亡くなっており、先祖書には、享保十六年（一七三一）二月に没したと記されている。父親の紀文は享保十九年に没したと考えられるから、その三年前である。紀文の落胆ぶりが眼前に浮かぶ。

さらに新発見は、この先祖書の注記に「実《じつは》、武藤二男」とあり、紀伊国屋文左衛門の姓は武藤氏だというのである。この説は、今まで聞いたことがない。紀文と保土ケ谷宿の苅部家との接点は何かといったことも含めて、紀文に関する謎はまだまだ尽きない。

なお紀文の長男らしき人物については、『武江年表』の安永四年（一七七五）の条に、「紀伊国屋文左衛門が実子文右衛門、築地飯田町に住し、纔《わずか》に暮しけるが、俳諧を好み、亀山と号す。後、薙髪して明西といふ。今年六十余歳にて終る。紀文が子孫、是にて絶たり」とある。真偽のほどはさだかでないが、これによれば、長男の方が弟より四十五年も長生きした勘定になる。

奈良屋茂左衛門の遺言状

遊里での豪遊を紀伊国屋文左衛門とはりあった奈良屋茂左衛門も、元禄の世を背景にして、幕府の材木御用達として一代で富豪に成りあがった人物である。

この奈良茂の研究は、近年急速にすすんだ。奈良屋茂左衛門家の史料が、有難いことに国立史料館

奈良屋神田家系図

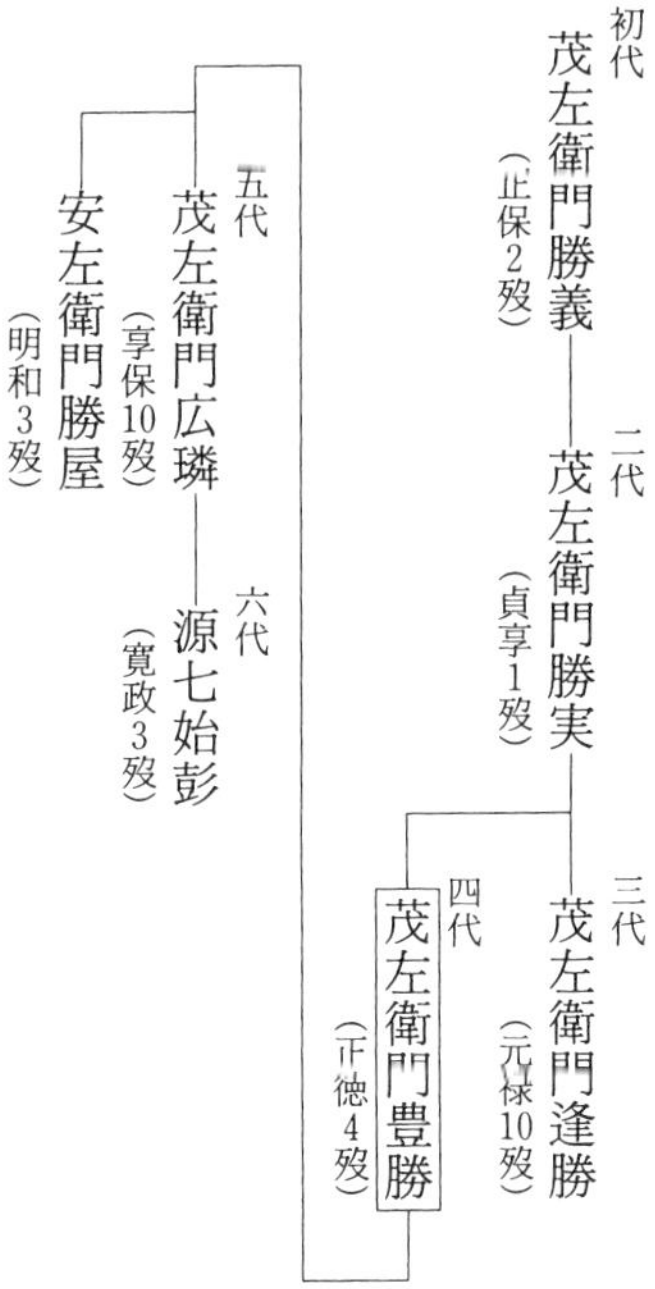

に伝存していたからである。

奈良茂の姓は神田氏、通称は茂左衛門、名は豊勝《とよかつ》、剃髪して安休《あんきゅう》と号した。系図によれば、神田家の四代目の当主になる。彼は天和三年（一六八三）の日光東照宮修築のさい、材木の調達を請け負い、濡れ手で粟の大儲けをしたと伝えられる。以後、官営の土木事業の材木御用達として活躍した。

奈良茂は、名古屋の材木豪商神戸分左衛門《かんどぶんざえもん》と提携し、木曾や飛騨《ひだ》の山々から用材をさかんに伐りだした。彼の場合は、御三家筆頭の尾張藩への大名貸により、尾張徳川家と密接な関係にあり、採材活動に何かと便宜をはかってもらっていたようである。

しかし、将軍綱吉が没した翌年の宝永七年（一七一〇）に、紀文と同じく、材木商を廃業した。その四年後の正徳四年（一七一四）六月十三日に死去、江戸深川の雄松院に葬られた。法名を還到院楽誉西谷安休居士という。

正徳四年の春、死期が近づいたことを自覚した彼は、二人の息子あてに遺言状を書いた。その貴重

正徳4年奈良茂遺産表

相続者	家屋敷沽券高	有金	預ケ金	計
妻　お捨	2,760両（2ケ所）	240両	両	3,000両
長男　茂左衛門	21,390　（13ケ所）	29,000	20,000	70,390
次男　安左衛門	15,370　（8ケ所）	15,000	20,000	50,370
親類	3,350　（4ケ所）	1,780		5,130
手代・女中ら	1,640　（3ケ所）	2,000		3,640
計	44,510両（30ケ所）	48,020両	40,000両	132,530両

な遺言状が、国立史料館に現存している。署名は神田安休とあり、気付かぬ人が多いが、元禄の成り金豪商・奈良屋茂左衛門その人である。

遺言状の内容は、遺産の分配と息子への教訓とからなっている。まず遺産の分配であるが、表示すれば表のとおりである。

これによれば奈良茂の遺産は、家屋敷（三十ケ所）の沽券高が四万両余、現金が五万両弱、大名らへの貸金が四万両で、合計十三万二千五百三十両にのぼった。正徳四年は奈良茂の活動のピーク時ではなく、すでに材木の営業を停止し、家産をどんどん減らしていった時期である。それでもなお、金十三万両余もの財産を所持していたのだから大したものである。最盛期には、おそらく五十万両を優に越していたであろう。

ともあれ、この奈良茂の遺産十三万両余の内訳をみると、家賃収入を見込んでの不動産投資と、利金収入を見込んでの大名らへの貸付と、当座資金（本来は営業資金）としての現金所持というように、財産を三つに分散している。しかもそれぞれが四万両台と、ほぼ同じ金額に三分されている点が注目される。

現在でも、安全な財産保持の秘訣として、不動産投資・利貸預金・現金という「財産三分法」をよく耳にするが、すでに元禄時代に、奈良茂はこれを実行していたのである。

そのうえ彼は、この遺産のほかに多額の道具類つまり美術骨董品を購入していた。千利休使用の茶碗とか、雪舟の水墨画といった類《たぐ》いの超高級品を、たくさん所持していた。

当初は、材木の請負利権を得るための、政治家や役人への贈答用として用意された面もあったが、結局は財産維持のために、これらは大いに役立った。美術骨董品は、物価の変動にほぼ比例した価格で売却できたからである。

さて、肝腎の遺産分配であるが、妻のお捨には三千両で、全体のわずか二パーセント余である。当時の女性の地位の低さを象徴していよう。このほか、親類や使用人らにも分配されているが、遺産のほとんどは、長男の茂左衛門と次男の安左衛門に分与された。長男が七万両余（五三パーセント）、次男が五万両余（三八パーセント）である。

長子相続で、家の当主名である茂左衛門を長男が継いでいる。しかし、長男と次男との相続額の差は、それほど大きくはない。本家の存続とか営業の拡大という面からみれば、この遺産分けは妥当なものとはいえない。おそらく元禄の商家では、長子相続制がまだ確立していなかったのであろう。そのうえ、奈良茂はこの時期に商売を廃業していたので、遺産を一人に集中する必要がなかったのかも知れない。

奈良茂の遺言状には、遺産の分配を詳細に指示したあと、二人の息子への教訓が記されている。しかしその教訓は、一代で成りあがり、豪快に遊んだ豪商とは思えぬ内容である。よくいえば堅実、悪くいえば消極的である。その一部を紹介しよう。

一、両人身持《みもち》第一、おごりこれなきように着類共に絹・つむぎ・木綿類、着料いたすべく候。母ならびに親類ども大切に致すべく候。（中略）遊山《ゆさん》がましき儀、いっさい仕るまじく候。普請等仕様、かならずかならず狭くいたすべく候。

一、存生の内より申し渡し候通り、いかよう事にても商《あきな》い仕るまじく候。手代ども内よりすすめ申し候とも、いっさい公儀商い事、家ならびに金銀出し申すまじく候。店賃にて過半延ばし申すべく候。

兄弟二人とも品行第一にして、着物や住居はぜいたくにするな。遊びもいっさいしてはいけない。母親や親類を大切にせよとさとしている。

そして材木商いはもちろん、どんな商いも以後は絶対にしてはいけない。たとえ手代らからすすめられても、公儀＝幕府の請負事業に決して手を出すなというのである。要するに、商売はいっさいやらず、貸家の家賃収入と、大名貸などの金利収入で、万事つましく生活せよと遺言している。

父親がやってきたこととは、まるで逆のことを息子たちにさとしている。父親は、幕府の材木御用達になったから大儲けができたのである。にもかかわらず、息子たちには商売はいっさいやめよ、たとえ幕府の事業でもそれに参加してはならぬと、きつく戒めている。

父親は、さんざんぜいたくな暮らしをし、吉原で豪遊しておきながら、息子には、暮らしはつましく、遊びはいっさいやるなというのである。いい気なものである。

奈良茂の遺言状は、まことに矛盾だらけにみえる。それまで彼が歩んできた人生とは首尾一貫していないように思える。しかしそうではない。彼には、彼なりに設計された人生観があり、それを貫き通している。もっともこれは、奈良茂だけの考え方ではなく、当時の理想的人生像でもあった。

「仕舞うた屋」志向

下町の商店街に育った私は、子供の頃「シモタヤさん」という言葉をよく耳にした。シモタヤは近所に何軒かあった。どんな字を書くかはわからなかったが、シモタヤと呼ばれた家に共通しているのは、何も商売をしていないということであった。そして、ちょっとお金持ちであった。

大人になってから、シモタヤとは「仕舞うた屋」のことで、以前は商売をしていたが、現在は廃業している家のこととわかった。しかもシモタヤの多くは、金利や家賃収入で悠々自適の生活をしていた。奈良茂が目指した商人の理想像も、実はこの仕舞うた屋だったようである。

元禄文化を代表する作家といえば井原西鶴である。その西鶴が描いた商人の理想像は、やはり仕舞うた屋であった。

彼の著名な作品の一つに『日本永代蔵《にっぽんえいたいぐら》』がある。サブタイトルに「大福新長者教」とあるように、金持になるためのノウハウを記したものである。

そこには、貨幣が町人にとっていかに大切なものかが、くり返し強調されている。たとえば「金銀を溜《た》むべし。是二親《これふたおや》の外《ほか》に命の親なり」とか、「只《ただ》金銀が町人の氏系図になるぞかし」とある。金銀は父母同様に命の親だという。また、武士は源・平・藤・橘などといった先祖の出自や家系の古さが尊ばれるが、町人は稼いだ貨幣の多寡が、氏系図の尊卑となるという主張は、とくに印象的である。では、その貨幣をどのように稼げばよいか。西鶴は、徹底した勤労の実践を説いている。しかも堅固・才覚・始末・分別・堪忍・正直などの徳目倫理にもとづく勤労である。

さらに注目すべきは、若い時にこのようにして大いに働き稼いだ金は、あの世にもっていけるわけではないから、隠居して仕舞うた屋になって、今度は大いに遊びに使うことをすすめている。若い時には一所懸命働き、隠居したら思い切り遊ぶ。これが西鶴の人生論であった。奈良茂は、この西鶴が描いたような人生を現実に自身の人生で実践した。

しかし息子たちには、自分が遺した財産の範囲で、つましく暮らすことを強制した。働かずに親から得た金は、遊びに使ってはならぬという考えがそこにはあった。かくして勤労の実践なしに、隠居後の理想像「仕舞うた屋」のみが、何の努力もせぬ若い息子たちに与えられた。

あり余る金をもちながら、商売はいけない、生活はつましく、といわれても無理である。息子の茂左衛門や安左衛門が、やがて遊里や芝居にばかげた豪遊をするようになった。

しかし、二人の息子がいくら遊びに金を費やしたといっても、もともと莫大な遺産であったから、なお相当な資産が子孫に伝えられた。駿河町越後屋への借金返済に困れば、沽券高一万五千両の箱崎町一丁目の巨邸を手放すことによって、決済がついたし、また手持ちの、雪舟や探幽の画を売れば、千両や二千両の金はすぐできた。竹の子生活とはいえ、はぐべき皮がいくらでもあった。天明元年といえば、かれの孫の代に当たるが、なお家屋敷十三ケ所（この沽券高約一万両余）を所有しており、そのほか尾張藩に千二百両の御用金を上納したりしている。当時、一万両相当の不動産持ちといえば、やはり江戸一流の町人であった。

このように奈良屋茂左衛門が、江戸一流町人として幕末まで、代々存続していたという事実は、従来ほとんど知られていない。

投機的材木商人

十七世紀後半の日本は、各地の城下町形成が急速に進み、材木などの建築資材を扱う商人の活躍がめだった。ことに最大の城下町である江戸は、「火事と喧嘩は江戸の華《はな》」と諷刺されたようにひんぴんとして火災の絶えることがなく、材木の需要は非常に大きかった。冬木屋・河村屋・栖原屋など、江戸における当時の豪商の多くは、いずれも材木商であった。

さらに元禄期には、時の将軍綱吉の命令による、護国寺や寛永寺根本中堂などの官営事業がさかんとなり、材木商人が利を得る機会が一層増大した。冬木屋・河村屋・栖原屋らにやや遅れて登場した紀文・奈良茂は、この時代の潮流にあざやかに乗って、短期間にかれらと肩をならべ、さらに追い越して、互いに江戸で一、二を争う巨商となった。

政治家―特権商人―賄賂《わいろ》、という三者を結んだ関係は、いつの世も極めて緊密なようだ。ことに、官営の土木事業がさかんであった元禄期には、請負利権を獲得しようと暗躍する材木商人と、かれらと結託して私服を肥やそうとする賄賂役人の横行が顕著であった。新井白石も、その自叙伝『折たく柴の記』において、大略次のように指摘している。

「元禄期には、土木事業がさかんに行われたため、木材需要が過大となり、その値段は前代未聞の高値となった。だから材木商たちは、またたく間に金持となり、なかには何十万両、何百万両という巨富を築いた者もいる。ただし請負入札などの際、自分に落札してもらうために、あらかじめ内々に要路の役人に千両、万両の賄賂を贈ったりするので、儲けたのは、ひとり材木商のみではない。莫大な国費を使っての土木事業に乗じて、役人のなかにも、材木商と組んで私服を肥やしている者が多い。」

まことに名言である。当時の政界の中心人物、柳沢吉保や荻原重秀らと、材木商人の結びつきなどは、容易に想像されよう。

一攫千金をめざす投機的材木商人にとっては絶えず新たな利権の獲得を意図して、自己を宣伝しておく必要があった。たとえ、少々背伸びしてでも、金を湯水の如く遊び捨てることによって、財力のあるところを誇示し、自分と結んだ役人には、賄賂をたんまり出すぞと暗示しておく必要があった。吉原は、自己宣伝と役人饗応の場として、格好の場所であった。紀文や奈良茂が残した、数々の豪遊逸話の意味も、このように理解しておくべきであろう。才知に富んだかれらのことである。ただ無目的に、ばかな遊びをしたはずがない。

しかし元禄期を過ぎるころから、濫伐による山林の荒廃が顕著となり、また城下町形成も一段落するなど、商品としての材木が、需要・供給両面共に悪化したので、かれらは転・廃業を余儀なくされた。とくに、不正役人を退け、諸事緊縮を旨とする「正徳の治」の展開は、かれら投機的特権商人にとっては、致命的であった。しかも元禄の貨幣悪鋳によるインフレ経済から、正徳・享保の良質貨幣鋳造のデフレ経済時代を迎え、もはや一攫千金は、昔日の夢と化した。

紀文も奈良茂も、その盛衰が政権の交代にかけられた点からして、政治史的には十分存在の意義があったが、近世商業の発展の歴史の上では、やはり傍流に過ぎなかった。

元禄という時代は、初期門閥特権商人がようやく衰えをみせ、かわって三井などに代表される問屋・小売の新興商人層が台頭してきた時代であった。しかしこの時代に、初期門閥特権商人が完全に没落したわけではないし、また新興商人たちも、完全に主流にのし上がったわけでもなかった。その間隙を縫うかのように、すい星のごとくあらわれ、そして消えていったのが、一握りの大投機商人たちであった。

紀文も奈良茂も、元禄の夜空をいろどる一瞬の花火にも似た、はかない存在であった。かれらの没落と交代して、結局元禄―享保期に江戸商業の主座を占めたのは、新興の問屋商人や両替商たちであった。

かくして、元禄―享保期という幕藩制社会の転換期を乗りきることができず、紀文も奈良茂もともに歴史の舞台から退場していった。

しかし民衆は、かれらの豪遊逸話の数々を、ある時は嫉妬《しっと》の情をこめながら、ある時は羨望《せんぼう》の念にかられつつ、長く語り伝えてきた。ことに、士農工商という、ぬきさしならぬ身分制度の枠にはめられていた江戸時代の民衆にとって、紀文や奈良茂ら豪商が、吉原から武士をしめ出して大門をうった話とか、大名に頭を下げさせて金を貸した話など、これほどすかっとすることはなかったであろう。

そんな豪遊のできない一般民衆が、支配者への抵抗意識として、紀文・奈良茂の豪遊逸話に仮託しつつ、語りつたえたとしたら、逸話を逸話として終わらせずに、十分検討してみる必要があろう。そうした民衆心理を、江戸川柳はいみじくもこう表現している。

大名が怖《こわ》いものかと文左衛門

江戸店持の上方商人の台頭

問丸と問屋

近世前期における商品流通の活潑化は、商品の大量取引を担当する問屋を成立させた。問屋の起源は、中世の問・問丸にもとめられるが、中世末には、すでに問屋という語が使用されていた。宮本又次著『日本近世問屋制の研究』によれば、文明《ぶんめい》五年（一四七三）の政所賦銘引付に「西国紙商人問屋」とあり、天文《てんぶん》二十三年（一五五四）の矢部文書に「駿河《するが》国吉原道者商人問屋之事」とあるなどがそれである。

しかし、問屋という言葉が一般化したのは、江戸時代に入ってからと思われる。なお問屋の読み方は、〝といや〟が本来であるが、「皇都午睡」には、江戸では問屋を訛《なま》って〝どんや〟と呼んだと記している。

「問丸」から「問屋」への言葉の変化過程は、単なる呼称上の変化ではなく、輸送・保管・商取引を未分化のまま一身に包含していたものから、それらの機能がそれぞれに分化・純粋化して行く過程のものとして、とらえる必要があろう。

中世末から近世初期にかけての商品流通の発展が、積荷問屋・荷受問屋・廻船問屋といった問屋機能の分化をもたらし、さらには、米問屋・油問屋・炭問屋といった商品別の専業問屋の発達をもたらした。こうした経過のなかで、問屋という言葉は定着したのであり、そうした意味において、問屋はまさに近世的な言葉ということができる。

問屋に対する仲買の存在も、中世にまでさかのぼることができるが、中世においては、まだ仲買と〝すあい〟との区別が明瞭ではなかった。しかし江戸時代になると、〝すあい〟は、依頼者の名義で契約し、少量取引をするものを指し、仲買は、問屋と小売人、または生産者・荷主と問屋との間に介在し、自分名義によって大量取引をなすものを指すようになり、生産者（荷主）→仲買→問屋→仲買→小売→消費者という商品の流通ルートの分業化が、おおむね明確となった。

大坂においては、はやく元和《げんな》二年（一六一六）に、油問屋加島屋三郎右衛門《かしまやさぶろうえもん》の名がみえ、そのころ、油・木綿・木材・生魚・干鰯《ほしか》などの問屋が発生していた。江戸でも寛永《かんえい》初年（一六二四—三〇）に、四軒の木綿問屋が成立している。また、幕府法令のなかに問屋という語があらわれる初見は、慶安《けいあん》元年（一六四八）四月の「商売其外御仕置之事」という全九条からなる大坂町触《まちぶれ》で、そのなかに「一、問屋と商人相論之事、右問屋之身体能聞届、互ニ手形を取かはし、其上荷物を預べし云々《うんぬん》」という一条がある。

このように十七世紀前半には、すでに個々の問屋は成立しているのであるが、制度として問屋組織が整備されるようになるのは、寛文から元禄にかけて、つまり十七世紀後半に入ってからのことであった。

荷受問屋から仕入問屋へ

寛永初年、江戸大伝馬町に四軒の木綿問屋が開業した。すなわち赤塚《あかつか》善右衛門《ぜんえもん》・升屋《ますや》七左衛門《しちざえもん》・久《く》保寺《ぼでら》喜《き》三郎《さぶろう》・富屋《とみや》四郎左衛門《しろうざえもん》の四軒問屋である。かれらは、いずれも幕初以来の町内地主として、町内年寄役や伝馬行事役を勤めるなどの特権をもった門閥商人であった。

ところが貞享《じょうきょう》三年（一六八六）に、それまでこの四軒の問屋の系列下にあった七十軒の木綿仲買が、一斉に問屋に昇格した。そして元禄時代を経過するなかで、旧来の四軒問屋は没落ないしは衰退したのに対し、新興の七十軒の木綿問屋の大方は、商売繁昌を大いに謳歌していった（北島正元編著『江戸商業と伊勢店』）。

ここに元禄という時代を舞台にした、初期特権商人から新興商人への、あざやかな交代をみることができよう。では、なぜこのような交代が起ったのであろうか。

その要因として、同じ問屋でありながら、前者が「荷受問屋」であり、後者が「仕入問屋」であるという、両者の性格の質的差異を指摘することができる。

いうまでもなく、荷受問屋とは、自己の資金で買い取った商品を卸売するものではなく、各地の荷主から送ってくる依託荷物の引受・保管・販売を業務とし、口銭《こうせん》（販売手数料）や蔵敷料《くらしきりょう》（荷物保管料）を収益としていた。いわば倉庫業兼販売仲介業的な性格のものであった。江戸の川辺竹木炭薪《まき》問屋の起源を説明した『東京諸問屋沿革志』の記事は、この間の事情をよく示している。

寛永の頃は、江戸市中に材木渡世専業の者なく、当時八代州河岸に居住し、現今艀《はしけ》ケ宿《やど》と称するが如《ごと》き業を営むものあり、江戸近郷青梅《おうみ》・飯能・八王子・川越辺の農間に、板・小割・貫・鋪居木・杉皮・屋根板等を駄送し来て市中に販売し、而して残荷すれば其艀ケ宿に托し、凡代価を定め売捌方を委託して帰り、再び出府せしとき精算勘定を立て、然して其宿に於ては、荷主より托せられし荷物を、新築修繕等ある家に至り、何々の材料は入用なきやを問ひ、又諸材需用あるものは彼の宿に至り、何々の材料の有無を問ふものにして、彼来て問ひ我往て問ふ、互に相問ふて、以て彼の宿を呼び、問屋と称す。

右の記述の最後の部分にある問屋の字義の説明は、いささかうがち過ぎているが、全体の記述は、近世初期のごく素朴な荷受問屋の機能を、よく説明していよう。

さきに述べた江戸大伝馬町の四軒の木綿問屋も、「諸国山元より送り来り候荷物引受問屋」＝荷受問屋であり、諸国荷主たちの依託してくる木綿荷物の引受・保管・販売にあたり、大伝馬町内の仲買および関東・東北商人からの依頼に応じてその仲介を行う性格の問屋であった。

元禄ごろ、常州真壁郡真壁町の商人中村作右衛門は、この四軒問屋のうちの久保寺や赤塚を通じて三河木綿の仕入を行っているが、中村作右衛門家の店卸目録に「三百両赤塚へ送物、三州為登金」とか「五百両久保寺へ預ケ」などの記事がみられることから、四軒問屋は作右衛門家からの為登金・預ケ金によって仕入を行っていたのであり、自己の資金で買い入れたものを販売していたのではないことが知れる（林玲子著『江戸問屋仲間の研究』）。

寛文から元禄期にかけての商業の発展は、このような荷受問屋を各業種において一層一般化するとともに、生産地に対し積極的に荷物を注文したり、直接買付けを行ったりする、いわゆる仕入問屋の台頭をも新たにもたらした。

もちろんこれには、東廻り・西廻り航路の開発や、江戸・大坂間の海運の整備など、全国的な交通の発達により、商品の流通が円滑化したことも大いに力を貸している。仕入問屋は、これと思った商品の集荷をより確実にするため、生産者に前金を渡したり、主要な産地に〝買宿《かいやど》〟と称する仕入れのための出張所を設けるなど、徐々に生産者を自己の支配下におくようにもした。

仲買から成長した新興の七十軒の江戸木綿問屋は、〝銘々注文〟によって直接生産地から木綿を買付け、それを江戸市中や関東・東北に販売するという仕入問屋であった。かれらと、荷受問屋としての旧来からの四軒問屋と比べたとき、いずれがその後の商業史の主流を占めるか、答えはきわめて明白である。

このようにして、商品生産の展開の成果をうまくにぎり得たか否かが、初期商人と新興商人との興亡の分れ目となった。坐して待つ式の受動的・消極的な荷受問屋から、みずからの資金と才覚によって利潤を追求する能動的・積極的な仕入問屋へ、という問屋機能の大きな変換が、初期商人から新興

吉川弘文館
新刊ご案内

〒113-0033 東京都文京区本郷7丁目2番8号
電　話 03-3813-9151(代表)
ＦＡＸ 03-3812-3544／振替 00100-5-244
(表示価格は10％税込)

● 2024年5月

Q&Aで読む縄文時代入門

山田康弘・設楽博己編

A5判・二六四頁／二七五〇円

土器を使用し、定住生活を行い、狩猟・採集・漁労・栽培を営みながら、約一三〇〇〇年続いた縄文時代。最新の研究成果から見えてきた時代像を、五四の問いにわかりやすく答えて明らかにする。図表豊富でコラムも充実。

〈続刊〉Q&Aで読む弥生時代入門
寺前直人・設楽博己編　二七五〇円

Q&Aで読む日本外交入門

片山慶隆
山口　航編

ペリー来航から米中対立の現在まで、戦前・戦後・現代の三部構成で、日本外交の六〇の問いにわかりやすく答える。外交官・外務省の役割から国際関係まで、歴史・政治・経済・安全保障の諸問題を解説する入門書。

A5判・二四八頁／二五三〇円

高台院

【人物叢書323】

福田千鶴著

※電子書籍版あり

四六判・三一二頁／二五三〇円

豊臣秀吉の第一位の妻。日々戦場の夫を支えつつ、自分磨きの前半生を送り、秀吉の関白就任後に「北政所」の名に恥じない役割を果たす。秀吉死後は「高台院」を名乗り、浅井茶々と豊臣家存続に尽力。等身大の姿に迫る。

豊かで多様な〈近世〉のすがた。
最新の研究成果から、その全体像をわかりやすく描く！

A5判・平均二二四頁　各三〇八〇円
『内容案内』送呈

日本近世史を見通す

全7巻刊行中

近世とはいかなる時代だったのか。多様で豊かな研究成果を、第一線で活躍する研究者が結集してその到達点を平易に描く。通史編・テーマ編に加え、各巻の編者による討論巻からなる充実の編成で、新たな近世史像へ誘う。

●既刊6冊

1 列島の平和と統合 近世前期

牧原成征・村　和明編

二二二頁

戦国乱世から太平の世へ、いかにして平和が実現され、列島が統合されたのか。国際交易とキリスト教政策、幕府と藩、武家と朝廷の関係、北方や琉球などを視野に収め、徳川四代家綱期までをグローバルな視点で描き出す。

2 伝統と改革の時代 近世中期

村　和明・吉村雅美編

二〇八頁

長く平和が保たれた時代に、列島はどのように変化したのか。将軍と側近による幕政の主導、通貨・物価問題、藩政改革、貿易体制・対外認識の変貌などに着目し、五代綱吉から田沼意次の時代までの政治と社会に迫る。

3 体制危機の到来 近世後期

荒木裕行・小野　将編

二〇六頁

二〇〇年以上安定していた幕府はなぜ解体したのか。朝廷と幕府、幕藩関係、蝦夷地から九州までの在地社会、民衆運動、世界情勢との連動など、国内外の諸問題への対応を模索するも限界を迎えるまでを通観する。

4 地域からみる近世社会

岩淵令治・志村　洋編

二一六頁

近世の村と町は、いかに形成され、変化したのか。都市の開発、労働力の奪い合い、在方町の行財政、多様な生業に支えられた人びとの生活、江戸の町を舞台とした諸身分の交錯など、地域社会と権力のあり方を解き明かす。

5 身分社会の生き方

多和田雅保・牧原成征編

二一六頁

現代とは異なる身分社会で人びとはどう生きたのか。領主と百姓の相克、武士と町人の交流、モノやカネの動き。芸を身につけ、債務に苦しみながら、様々な集団やつながりに依拠して懸命に生きた人びとの姿を描き出す。

6 宗教・思想・文化

上野大輔・小林准士編

二〇〇頁

江戸時代の多彩な文化は、人びとの生活や思想にいかに反映されたのか。寺社・学問・医療・旅・文芸・出版物などをめぐる新たな潮流を生み出し、受けいれた社会に光をあて、身分と地域を超えた人びとの営みを描く。

〈続刊〉

7 近世史の課題 討論（仮題）

小野　将ほか編

推薦します

高埜利彦（学習院大学名誉教授）

松本幸四郎（歌舞伎俳優）

※敬称略、50音順

世界遺産 宗像・沖ノ島 みえてきた「神宿る島」の実像

佐藤 信・溝口孝司 編

航海安全を願い、東アジアの交流を物語る品々が奉献された宗像・沖ノ島。その古代祭祀遺跡は他に例をみない。航海・交流を切り口に、多様な地域間交流が生み出した祭祀・信仰を読み解き、「神宿る島」の魅力に迫る。

四六判・二七二頁・原色口絵四頁／二六四〇円

御成敗式目ハンドブック

日本史史料研究会監修
神野 潔・佐藤雄基編

執権北条泰時らが編纂した鎌倉幕府の基本法典を分かりやすく解説。制定過程や目的、研究史などから全体像をとらえ、五十一箇条より主要条文を読み解き、その全貌に迫る。巻末に現代語訳を付す。

四六判・三一六頁
二四二〇円

関白秀吉の九州一統

中野 等著

秀吉は国内「静謐《せいひつ》」の実現を目指し、九州の島津攻めを決める。一連の政治・軍事過程の具体相と、戦後処理＝九州仕置きの実態を詳述。「九州一統」による領主権力の再編・統合の歴史的意義を、大転換期に位置づける。

四六判・三二八頁／二七五〇円

戊辰戦後の仙台藩〈家老〉一族 坂家のファミリーヒストリー

佐藤和賀子著

戊辰戦争時の仙台藩重臣、坂英力《さかえいりき》は明治新政府に抵抗した藩の責を負い斬首された。母と妻子の人生を日本の近代史とともに描く。子どもは教師や医師になり、社会事業に尽力した。幕末から昭和戦後まで家族三代の歴史

A5判・二四八頁／二六四〇円

日中和平工作

一九三七―一九四一

戸部良一 著

盧溝橋事件後、軍事作戦と並行して和平の試みが繰り返された。外交官だけでなく軍人や民間人ら日中和平の実現をめざした人びとの考えや行動を数々の記録から追跡し、泥沼化する軍事紛争の知られざる側面を解明する。

四六判・三一二頁／二九七〇円

夜更かしの社会史

安眠と不眠の日本近現代

近森高明
右田裕規 編

夜間も活動するようになった都市住人は、眠りについてどんな認識や習慣、商品を生み出してきたか。その変遷を追い、夜に眠る／眠らないことの両方を同時に要請する産業社会での人びとの生活と睡眠との関係史に迫る。

A5判・二六六頁／四一八〇円

高楠順次郎

世界に挑んだ仏教学者

碧海寿広 著

南アジアでの仏典調査の先駆者で、武蔵野女子学院の創始者。国際舞台で活躍した彼は、仏教をどう受け止め直し、独自に表現したか。『大正新脩大蔵経』の編纂や、教育者としての一面にも光をあてて描く人格者の生涯。

四六判・二〇八頁／一九八〇円

文書館のしごと

アーキビストと史料保存

新井浩文 著

文書館で地域の歴史資料を守るアーキビスト（文書館専門職員）。文書館勤務の著者が地域史料の保存・公開などの仕事を解説。現場の視点から今後への展望を提示する。資格取得のテキストにも使える図書館・文書館必備。

四六判・二八四頁／二二〇〇円

歴史文化ライブラリー

●24年1月～4月発売の11冊

四六判・平均二二〇頁　全冊書き下ろし

人類誕生から現代まで／忘れられた歴史の発掘／常識への挑戦／学問の成果を誰にもわかりやすく／ハンディな造本と読みやすい活字／個性あふれる装幀

585 雪と暮らす古代の人々

相澤　央著

古代の人々は雪といかに向き合ったのか。雪山作りや雪見を楽しむ都の貴族たち。一方、北国では大雪で交通が滞り、建物は倒壊。吹雪のなか戦闘が行われることもあった。雪を通して古代の暮らしを描く初めての試み。

二四〇頁／一八七〇円

586 吉田松陰の生涯 猪突猛進の三〇年

米原　謙著

幕末長州で松下村塾を開き、明治の指導者を多数輩出した吉田松陰。偉人として顕彰される陰で、その負の側面は看過されてきた。思想形成や言動を冷静に捉えて歴史のなかに位置づけ、安政の大獄で刑死するまでを描く。

三二〇頁／二二〇〇円

587 弥生人はどこから来たのか 最新科学が解明する先史日本

藤尾慎一郎著

最先端科学が弥生時代のはじまりの状況を解明しつつある。炭素や酸素の同位体を用いた年代測定や核ゲノム解析、レプリカ法などの最新科学と考古学の学際研究により実像に迫り、新知見による弥生時代像を提案する。

〈3刷〉二四〇頁／一八七〇円

588 検証 川中島の戦い

村石正行著

信玄・謙信が幾度も対戦し、数々の伝説を生んだ川中島の戦い。一〇年以上におよぶ北信濃をめぐる相剋は、在地武士や東国大名、幕府・朝廷をも巻き込み複雑に展開する。諸勢力の動向を複眼で追い、戦いの全貌に迫る。

〈2刷〉二四〇頁／一八七〇円

589 ドナウの考古学 ネアンデルタール・ケルト・ローマ

小野 昭著

ドイツ南部を流れるドナウ川流域をたどり、ネアンデルタール人の時代からローマによる支配までの遺跡を探訪。音楽や彫像など創造的文化の達成に至る人類史を探るとともに、考古学史や遺跡保護のあり方を考察する。

二五〇頁／一九八〇円

590 伊勢参宮文化と街道の人びと 不埒者の江戸時代 ケガレ意識と

塚本 明著

多くの参宮客で賑わう伊勢。神聖たる地の実態はいかなるものだったのか。ケガレを避ける方策、神主の勤務実態、街道での商売、女性たちの人生…。参宮文化に潜む卑俗さと人びとの営みを通して描く、個性豊かな社会。

二八八頁／二〇九〇円

591 名言・失言の近現代史 上 一八六八—一九四五

村瀬信一著

答弁中にキレる大臣、開戦を躊躇《ためら》う天皇、悪ふざけで内閣をゆさぶった日陰者。近代史を彩る政治家たちの個性ゆたかな「ことば」を繙《ひもと》けば、政治の面白さが見えてくる。名言・失言を軸に見通す、新たな近代通史の試み。

二五六頁／一九八〇円

592 世界史のなかの沖縄返還

成田千尋著

沖縄の日本「復帰／返還」の過程はいかなるものだったか。基地と安全保障をめぐる東アジア諸国の動向、「琉球処分」への認識の差、復帰運動への戦争体験の影響など、日米関係を超えた多角的な視点で実像を追究する。

二五六頁／一九八〇円

593 平安京の生と死 祓い、告げ、祭り

五島邦治著

死者と生者が近しく交流した平安時代の死生観とはいかなるものだったのか。遺体への意識、御霊と疫病、浄土へのあこがれ、異界との境界から究明。都市の生活と、「生と死の交流」から生まれた豊かな精神文化に迫る。

二二四頁／一八七〇円

594 江戸城の土木工事 石垣・堀・曲輪

後藤宏樹著

近世最大の城郭江戸城。家康から家光までの築城に、土地造成、石垣、土塁、水堀や惣構など、土木工事（天下普請）の側面から迫る。技術的推移や工事体制の変化、城下町の整備、災害を通して再建される姿も描き出す。

二四〇頁／一八七〇円

595 名言・失言の近現代史 下 一九四六―

村瀬信一著

与野党とも内紛に明け暮れ、「怨みつらみ」が渦巻く戦後政界。なぜ西尾末広《すえひろ》は首相の座を蹴り、何が田中角栄を天才たらしめたのか。宮沢喜一の首を絞めた「らしくない」発言とは。「ことば」が語る、現代政治の内幕。

二五六頁／一九八〇円

好評既刊より

579 戦死者たちの源平合戦 生への執着、死者への祈り

田辺 旬著　武士は戦死とどう向き合い、語り継いだのか。幕府による顕彰や鎮魂に着目し、敵も弔った心性を読み解く。一八七〇円

580 スポーツの日本史 遊戯・芸能・武術

谷釜尋徳著　相撲・蹴鞠・打毬…。海外渡来の文化に改良を加え、日本独特の文化を生み出してきた歴史を考察する。一八七〇円

581 着物になった〈戦争〉 時代が求めた戦争柄

乾 淑子著　何を伝え、何を隠したのか？ 吉祥とされた意匠から当時の社会的背景や時代性を読み解く。一九八〇円

582 温泉旅行の近現代

高柳友彦著　どのように身近なレジャーとして定着してきたか。江戸から現代までの温泉旅行を通史的に描き出す。一八七〇円

583 おみくじの歴史 神仏のお告げはなぜ詩歌なのか

平野多恵著　もう吉凶にまどわされない！ 謎多きルーツを辿り、社寺の風俗として定着した魅力に迫る。〈2刷〉二〇九〇円

584 戦国期小田原城の正体 「難攻不落」と呼ばれる理由

佐々木健策著　発掘調査成果と文献史料・絵画史料を駆使し、城と城下の景観にアプローチ。「難攻不落」の真相を解明。一九八〇円

歴史文化ライブラリー 電子書籍・オンデマンド版 発売中

書目の一部は、電子書籍、オンデマンド版もございます。詳しくは『出版図書目録』、または小社ホームページをご覧下さい。

大名家はいかに時代の苦難を乗り越えて存続したのか！

「家」をキーワードに地域からの視点で近世日本を描く画期的シリーズ！

『内容案内』送呈

家からみる江戸大名

全7冊刊行中

〈企画編集委員〉野口朋隆・兼平賢治

A5判・平均二〇八頁／各二四二〇円

既刊の6冊

徳川将軍家 総論編　野口朋隆著

家康以来、十五代二六〇年にわたり将軍を継いだ徳川家。列島の領主はいかに「家」内支配を行ったのか？　二二四頁

南部家 盛岡藩 ＊2刷　兼平賢治著

社会の変化の中で「家」のあり方を模索し続けた北奥の藩主。初代信直から廃藩置県までの二九〇年を描く。　二一六頁

伊達家 仙台藩 ＊2刷　J・F・モリス著

「御家」内外の対立と解決から読み解く、初代政宗から廃藩置県にいたる仙台伊達家の二九〇年。　二一六頁

前田家 加賀藩　宮下和幸著

利家を祖に「百万石」を領有した前田家。「外様の大藩」はいかにして「御家」を確立・維持したのか。　二一四頁

井伊家 彦根藩　野田浩子著

戦国期に武功をあげ「御家人の長」と謳われた井伊家。譜代筆頭として背負った使命とその変遷を描き出す。　二〇〇頁

毛利家 萩藩　根本みなみ著

幕末に倒幕の中心となった萩藩毛利家。関ヶ原の敗戦で領地を失いながら、徳川政権下をいかに生き抜いたのか。二〇八頁

〈続刊〉

島津家 薩摩藩　佐藤宏之著

推薦します

門井慶喜（作家）　高野信治（九州大学名誉教授）

※敬称略、50音順

読みなおす日本史

毎月１冊ずつ刊行中　四六判

「国風文化」の時代

木村茂光著

三二〇頁／二七五〇円（補論＝木村茂光）

古代から中世への移行期に栄えた「国風文化」。その担い手である貴族の社会は、この時代にいかなる変化を遂げたのか。都や地方の実態、対外関係などから深層に迫り、「国風文化」を育んだ時代と文化の特質を捉え直す。

徳川幕閣

武功派と官僚派の抗争

藤野　保著

二五六頁／二四二〇円（解説＝高野信治）

約二六〇年におよぶ強力かつ長期にわたった徳川幕府権力の基礎は、いかに確立していったのか。家康から家綱まで、各将軍をめぐる側近政治家の群像に光をあて、多彩な行動や権力・派閥抗争を分析し、初期幕政史を解明。

鷹と将軍

徳川社会の贈答システム

岡崎寛徳著

二四〇頁／二四二〇円（補論＝岡崎寛徳）

徳川将軍が限られた大名へ下賜した「御鷹」は、権威と忠誠の表象として珍重された。家康・綱吉・吉宗ら歴代将軍の鷹狩や鷹贈答の実態、伝統技芸を支えた鷹匠・若年寄の動向などから、鷹による徳川支配の様相を描く。

江戸が東京になった日

明治二年の東京遷都

佐々木　克著

一九二頁／二四二〇円（解説＝勝田政治）

明治維新で江戸は「東京」と定められ、新たな首都となった。新政府はどのように遷都を構想し、実行したのか。大坂遷都論、東西両都論、天皇の行幸と新時代の演出…。日本特有の首都成立の事情を分かりやすく描く。

古代王権と東アジア世界

仁藤敦史著

A５判・三六四頁／一一〇〇〇円

古代の中国や朝鮮三国、倭国はいかなる世界観のもとで外交を展開したのか。卑弥呼の共立や任那《みまな》日本府の問題から内政の矛盾や多様な対外交渉のあり方を解明。一国史的な視点を乗り越え、王権の形成過程を追究する。

荘園制的領域支配と中世村落

朝比奈　新著

A５判・三四六頁／一三二〇〇円

村落と周辺地域を包摂する「領域型荘園」の前史として、文書に示された境界よりも在地の活動実態が反映された支配領域に着目し、「四至型荘園」を新定義。民衆の視点で村落形成を見通し、荘園制の転換過程を解明する。

中世の海域交流と倭寇

関周一著

A5判・三四八頁／一一〇〇〇円

一四世紀以降、日本海や東シナ海をとりまく地域空間が国境を越えて生成し、海域交流が転変した。日本・朝鮮・中国の動向もふまえ、倭寇や対馬島海民、海商の実態を考察。海域史研究の成果を、日本中世史の中に位置づける。

中近世九州・西国史研究

中野等編

A5判・三八四頁／一三二〇〇円

日本列島・国家史上に特異な地位を占めてきた九州・西国地域。四つの切り口の諸論考で中近世を照射し、歴史的位置づけの再考を試みる。脱領域的な動きにも注目し、異国・異域とつながる「周縁」としての史実を追究。

近世山村地域史の展開

佐藤孝之著

A5判・三〇四頁／九九〇〇円

山間の地・上州山中《さんちゅう》領を舞台に、自然環境に対する人間の営みを問う。焼畑耕地と秣場《まぐさば》の循環利用など、山地における林野利用の特性を究明。幕府の御巣鷹山・御林の支配体制などから、山村地域の実像に迫る。

近世領国社会形成史論

稲葉継陽著

A5判・四一六頁／一二一〇〇円

戦国期の自治的な村共同体は、近世大名領国の展開をどう決定づけたのか。熊本藩細川家を例に、領国統治の態様から追究。百姓から「御国家」までの重層的な社会構成をひもとき、領国支配の核心に地域社会からせまる。

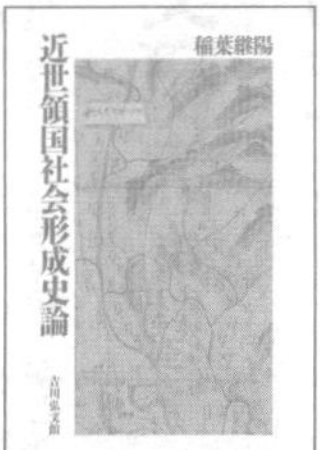

近世の神社・門跡と朝廷

石津裕之著

A5判・三七六頁／一二一〇〇円

近世における神社・門跡・朝廷の関わりを論究。朝廷との関係という視点から北野社などの神社の動向に迫り、朝廷による門跡統制を検証して、その影響を考察。神社と門跡の関係から、各々の知られざる実態を解明する。

サンフランシスコ講和と日本外交

波多野澄雄著

一九五一年の講和条約は、領土、賠償、戦争責任などの戦後処理問題に加え、「植民地帝国」の清算という難題にも直面した。米国の思惑を背後にして講和条約体制を築く日本外交の苦闘を軸に、沖縄「密約」の問題にも迫る。

A5判・三七四頁／八八〇〇円

戦後日本の防衛と政治〈増補新版〉

佐道明広著

戦後日本の防衛政策はいかに形成されたのか。自主防衛中心か安保依存かという議論の経緯を、未公開史料とインタビュー史料を活用して追究。政軍関係の視点から、防衛体制を体系的に分析した名著に補論を付して再刊。

A5判・四三二頁／九九〇〇円

近世天文塾「先事館」と麻田剛立

鹿毛敏夫著

迷信的思考が根強い江戸期に、観測と実験を重視した天文学者麻田剛立《ごうりゅう》。高橋至時《よしとき》や伊能忠敬ら弟子筋を生んだ実証に徹した天体研究を私塾「先事館」の活動などから探り、近代天文学の先駆者に迫る。書簡史料も翻刻収録。

A5判・二六四頁／九九〇〇円

近世の楽人集団と雅楽文化

山田淳平著

宮廷で育まれた雅楽は、近世に至り階級を超えて広く受容されるようになった。幕府庇護のもと楽人集団が組織されると、多くの楽曲が再興し音楽論も深められた。楽人の身分や参勤形態などを検討し、普及の方途を探る。

A5判・三六八頁／一一〇〇〇円

近代日本牛肉食史 生産・供給・消費

野間万里子著

近代以降に拡大した日本の牛肉食。農耕用の役牛を中心とした既存の生産体制、前近代からの肉食文化、戦争に伴う需要変化など、多元的な背景に光を当て実態を追究。生産・供給との相互関連から、牛肉消費の展開に迫る。

A5判・一八四頁／八八〇〇円

久邇宮家関係書簡集 近代皇族と家令の世界

上山和雄・内山京子・中澤惠子編

昭和天皇の皇后（香淳《こうじゅん》皇后）の実父である久邇宮邦彦《くによし》王の教育係、家令だった角田《つのだ》敬三郎宛の國學院大學図書館蔵の書簡集。「宮中某重大事件」関連史料も含まれ、邦彦王の心情、宮内省や皇族の在り方を知る上で貴重。宮家の歴史に迫る論考編と巻末付録を収載する。

A5判・四三〇頁／一三二〇〇円

鎌倉遺文研究 第53号

鎌倉遺文研究会編集――A5判・九〇頁／二二〇〇円

戦国史研究 第87号

戦国史研究会編集――A5判・五六頁／七五〇円

交通史研究 第104号

交通史学会編集――A5判・一二八頁／二七五〇円

日本史上随一の発給数を誇る秀吉文書、
約七千通を初めて集大成！

豊臣秀吉文書集

全9巻完結！ 名古屋市博物館編 『内容案内』送呈

各八八〇〇円 全9巻セット＝七九二〇〇円
菊判・函入・平均三五〇頁

❶永禄八年（一五六五）〜天正十一年（一五八三）
❷天正十二年（一五八四）〜天正十三年（一五八五）
❸天正十四年（一五八六）〜天正十六年（一五八八）
❹天正十七年（一五八九）〜天正十八年（一五九〇）
❺天正十九年（一五九一）〜文禄元年（一五九二）
❻文禄二年（一五九三）〜文禄三年（一五九四）
❼文禄四年（一五九五）〜慶長三年（一五九八）
❽補遺・年未詳
❾総目録・索引

日本史年表・地図

児玉幸多編 B5判・一三八頁／一六五〇円

2023年の記事を追加した新年度版

世界史年表・地図

亀井高孝・三上次男・林 健太郎・堀米庸三編 B5判 二〇八頁 一七六〇円

好評既刊

藤原広嗣《ひろつぐ》（人物叢書322）

北 啓太著 四六判・二八八頁／二四二〇円

平城京の役人たちと暮らし

小笠原好彦著 四六判・二三二頁／二五三〇円

成《じょう》尋《じん》（人物叢書320）

水口幹記著 四六判・三〇〇頁／二四二〇円

武士の衣服から歴史を読む 古代・中世の武家服制

佐多芳彦著 A5判・一九二頁／二四二〇円

鎌倉時代仏師列伝

山本 勉・武笠 朗著 A5判・二八八頁・原色口絵四頁／二七五〇円

三浦義村（人物叢書321）

高橋秀樹著 四六判・三〇四頁／二四二〇円

描かれた中世城郭 城絵図・屏風・絵巻物

竹井英文・中澤克昭・新谷和之編 B5判・一四四頁／三〇八〇円

明治の地方ビール 全国醸造所・銘柄総覧

牛米 努著 A5判・二七二頁／四一八〇円

●近刊

創られた「天皇」号 君主称号の古代史
新川登亀男著
四六判／三八五〇円

星占い星祭り（新装版）
金指正三著
A5判／四一八〇円

中国の信仰世界と道教 神・仏・仙人（歴史文化ライブラリー588）
二階堂善弘著
四六判／一八七〇円

文房具の考古学 東アジアの文字文化史（歴史文化ライブラリー599）
山本孝文著
四六判／二〇九〇円

女帝・皇后と平城京の時代（読みなおす日本史）
千田 稔著
四六判／二四二〇円

カツオの古代学 和食文化の源流をたどる
三舟隆之・馬場 基編
A5判／三五二〇円

平安時代の国衙機構と地方政治
森 公章著
A5判／一三二〇〇円

源氏物語の舞台装置 平安朝文学と後宮（歴史文化ライブラリー596）
栗本賀世子著
四六判／一八七〇円

陰陽師の平安時代 貴族たちの不安解消と招福（歴史文化ライブラリー601）
中島和歌子著
四六判／二〇九〇円

荘園史研究ハンドブック（増補新版）
荘園史研究会編
A5判／二八六〇円

武士の掟 中世の都市と道（読みなおす日本史）
高橋慎一朗著
四六判／二二〇〇円

武人儒学者 新井白石 正徳の治の実態（歴史文化ライブラリー600）
藤田 覚著
四六判／一八七〇円

近世古文書用語辞典
佐藤孝之・天野清文編
四六判／四九五〇円

名物刀剣 武器・美・権威（歴史文化ライブラリー597）
酒井元樹著
四六判／一九八〇円

続・沖縄戦を知る事典 戦場になった町や村
古賀徳子・吉川由紀・川満 彰編
A5判／二六四〇円

日本考古学 58
日本考古学協会編集
A4判／四四〇〇円

商人への交代を必然化したのである。

江戸十組問屋の成立

明暦《めいれき》三年（一六五七）九月の江戸町触《まちぶれ》によれば、当時の江戸にはすでに、材木問屋・米問屋・薪問屋・炭問屋・竹問屋・油問屋・塩問屋・茶問屋・酒醤油問屋などの問屋の存在が確認できる。江戸下り酒問屋の場合をみると、延宝三年（一六七五）には同業者間の商事規定を整え、同八年（一六八〇）には酒問屋寄合を形成し、天和三年（一六八三）には瀬戸物町・中橋《なかたちばな》町・呉服町・茅場町の各町に当番をおくなど、元禄時代に仲間組織はほぼ整備された。

こうした仲間組織の展開を前提として、元禄七年（一六九四）に、江戸における問屋仲間の連合体としての十組問屋仲間が結成された。当時、江戸に入津する物資の大半は、上方《かみがた》から菱垣《ひがき》廻船などによって廻送されてきた。元禄ごろ、大坂から江戸への廻船がどのくらい商品を江戸に輸送していたか、正確な量は明らかでない。しかし、やや時代が降った享保九年（一七二四）から同十五年（一七三〇）までの幕府の調査によれば、毎年およそ酒十八万樽《だる》から二十七万樽、醤油十万樽から十六万樽、油五万樽から八万樽、木綿八十万反から二百万反、繰綿七万本から十三万本にものぼっており、元禄ごろの状況を遡《さかのぼ》ってほぼ類推できる（『大阪市史』一巻）。

ところが当時、廻船業者や船頭・水主《かこ》のなかには、故意に船底に穴をあけ、難破したようにみせかけて、荷物を横取りするなどの不正を働く者がおり、荷主はしばしば大きな損害を蒙《こうむ》った。

そこで自衛のため、江戸商人の大坂屋伊兵衛《おおさかやいへえ》というものが発起人となり、江戸の諸問屋をあつめて、つぎのような十組にわけ、組ごとに行司をおいて難破船の処置などを十組の行司が行うこととした。各組名の下の（　）内は、各組がとりあつかう主な商品名である。

塗物店《ぬりものだな》組（塗物類）
内店《うちだな》組（絹・太物・繰綿・小間物・雛人形《ひなにんぎょう》）
通町《とおりまち》組（小間物・太物・荒物・塗物・打物）
薬種店組（薬種類）
釘店《くぎだな》組（釘・鉄・銅物類）
綿店組（綿）
表店《おもてだな》組（畳表・青莚）
河岸組（水油・繰綿）
紙店組（紙・蠟燭《ろうそく》）
酒店組（酒類）

「大坂屋伊兵衛覚書」によれば、十組問屋仲間結成の真の目的は、菱垣廻船を問屋仲間に従属させ、すでに指摘したような海上輸送に伴う損害を、組織の力で、最小限にくい止めようとすることにあった。

それでは、なぜ元禄という時点において、かれらは海損荷に重大な関心を寄せるようになったのであろうか。

従来のような荷受問屋であれば、輸送中の荷物にたとえ事故が起きても、江戸に着くまでは送り荷主の側の損害負担となり、江戸の問屋はなんら痛手を感じない。しかし仕入問屋として荷物を注文仕入するようになると、大坂の港を離れたとたん、その荷の所有権は江戸の問屋の側に移り、途中の損害はすべてかれらが負担しなければならなくなった。海損荷に無関心でいられなくなるのは当然であり、十組問屋仲間結成の必要もそこに生じた。

当時、江戸問屋のなかで実力をもちつつあったのは、上方に本店あるいは仕入店をもち、そこを根拠地として仕入れた商品を江戸に輸送し販売するというタイプの仕入問屋商人であった。元禄年間に十組問屋仲間が成立したということは、このころ、荷受問屋に代って仕入問屋が、江戸商業市場の中心的位置を占めるに至ったことをよく物語っている。

こうして江戸にもたらされた商品は、たんに江戸で消費されただけでなく、関東・東北方面にも出荷された。江戸の問屋商業は、中継商業の機能もはたしていたのである。しかし江戸流入商品の大半は、市中の仲買を通じて小売商人に売られ、厖大な人口をかかえた江戸のなかで消費された。

三井越後屋の新商法

江戸駿河町《するがちょう》の越後屋《えちごや》呉服店の祖三井高利《みついたかとし》は、伊勢松阪の出身である。京都を仕入れの本拠とし、延宝元年（一六七三）江戸に支店を出し、新商法で衣料品を売りまくり、大金持ちとなった。元禄七年（一六九四）に三井高利が死去したときの資産は金貨に換算すると八万両余、十六年後の宝永《ほうえい》七年（一七一〇）には、その資産は十五万両余、さらにその四年後の正徳四年には二十四万両余にもたっした。

では、その新商品とは何か。当時は節季払《せっきばら》いと称し、年に二度とか三度まとめて支払われる商慣習が一般的であった。したがって値段も、掛値といって、その間の利息分をふくめて高値にしてあった。これにたいして、三井の新商法は現金払いなので値段はぎりぎり下値の正札をつけ、いくら値切っても負けませんという安売り商法が、「現金掛値なし」である。薄利ではあるが、多売によって確実な利益を見こんだのである。この気安さが、江戸庶民に大いにうけた。

また当時の大店《おおだな》では、商品をいれた大きな風呂敷包みを背負って、お客の家々を訪問販売するのが一般的であった。しかし三井は徹底した「店先売《たなさき》り」で、店員を合理的に使用し、お得意さんのみならず、不特定多数の通行客をも気軽に店内に迎えいれた。店員の合理的使用といえば、羽二重《はぶたえ》とか金《きん》襴《らん》類などといった部門別に、それぞれ専門の店員を配置し、客へのサービス向上に努めた。

さらに「引札《ひきふだ》」とよばれた宣伝ビラを配ったり、即日仕立てのオーダーメイドや、端《は》ぎれものの大安売りなど、今日のデパートやスーパー商法とかわらぬやりかたで、江戸庶民の人気を博した。

三井は呉服業のみならず、両替商をも営み、資金の効率的な運用をはかった。また幕府や大名の御用はできるだけやらないようにし、庶民を顧客とする家業に精を出すよう家訓を定めた。ただし後述するように、たとえ幕府の御用でも儲《もう》かるとなれば、抜け目なく積極的に御用達となった。

三井は江戸だけでなく、京都・大坂など上方《かみがた》にも店をもち、そこで仕入れた商品を江戸の支店で販売するという、いわゆる「江戸《えど》店持《たなもち》の上方商人《あきんど》」であった。仕入れと販売とを同一の経営体が一貫して行うのであるから、まさに鬼に金棒である。良い品を、しかも大量に安く売ることができた。

これにたいし、江戸にしか店のない江戸商人の経営基盤は脆弱《ぜいじゃく》であった。三井越後屋すなわち三越だけでなく、松坂屋や大丸など、今日の有名デパートの前身は、ほとんどがこの「江戸店持の上方商人」であり、しかも呉服屋であった。

元禄時代以降も、江戸で目立って繁昌している商店の多くは、実は上方商人の支店であった。『塵《ちり》塚談《づかばなし》』という書に、「上方筋の豪富なる者は、皆諸国に出店を置事《おくこと》なり。江戸は過半彼等が出店多し」とある。また『世事見聞録』にも、「近江・伊勢より出でたるは、悉《ことごと》く身上を拵《こしら》へて、今近江《おうみ》屋・伊勢屋といえる質・両替・酒屋の類《たぐ》ひ多くありて、本店出店、一家一門、連々栄へ行き、或は江戸は出店になし、その身は本国に居住して、手も濡さず年々江戸より大金を取り込むなり」と記されている。

かれらは、伊勢・近江や京都・大坂などの上方に本店を持ち、そこで仕入れたり加工したりした商品を江戸の支店に送って販売し、儲けた金を上方の本店に集めて、次なる営業の拡大資金にあてた。このように江戸の金は、かれらによってどんどん上方に吸いあげられていった。

かれらの上方の本拠地での生活ぶりは、当然豊かなものであった。有名な国学者の本居宣長は、その著『玉勝間《たまかつま》』において、江戸店持の伊勢松阪商人をつぎのように論じている。すなわち、「松阪はことによき里にて、里のひろき事は山田につぎたれど、富《とめ》る家おほく、江戸に店といふ物をかまへおきて、手代といふ物をおほくあらせて、あきなひせさせて、あるじは国にのみ居てあそびけり。うはべはさしもあらで、うちうちはいたくゆたかにおごりてわたる」と。

なお、上方商人の江戸支店には支配人（支店長）以下、大勢の店員が働いていたが、店員には女性が一人もおらず、男性ばかりであった。しかも、店員はみな国元で雇って江戸に連れてきた身元たしかなる者のみであり、決して江戸で新規に雇うことはしなかった。主人と使用人とは地縁・血縁で緊密に結ばれており、使用人は主人のために骨身を惜しまず働いた。上方商人の抜け目のない、しっかりした経営方針がうかがえる。

しかし、かれら店員たちは、長期間江戸支店で働いていても、店員同士が故郷を同じくしていたので、最後まで江戸弁にはなじまず、伊勢言葉とか近江言葉とか、あるいは大坂弁や京都弁などの国元の言葉で会話を交わした。そのうえ、店内で行う年中行事や風俗習慣も万事上方風であった。したがって、江戸の町のあちこちに、こうした独特の上方社会が形成された。かれらが使用する上方弁は、語気の鋭い江戸弁にくらべれば、ずっと穏やかで商取引にむいていた。そればかりではない。才覚に富む上方商人の商売上手は、江戸商人をたえず圧倒していた。

話を元に戻そう。五代将軍綱吉の元禄政治は、やがて行きづまった。幕府のみならず大名・旗本の財政も軒なみ赤字となり、そのうえ、インフレのしわよせは庶民の肩に重くのしかかってきた。政治の転換は綱吉の死を契機に実現した。儒者新井白石の政治「正徳の治」は、すでに減速経済にあることを認識し、徹底したデフレ政策を実施した。経済政策の百八十度の転換である。政権の交代と同時に、政商ともいうべき材木商の紀伊国屋文左衛門や奈良屋茂左衛門らの衰退は運命づけられたといってよい。

三井はその後も代々、減速経済にもめげず強固に生きぬいた。衣料という日常品を、しかも多数の庶民を顧客として売るかぎり、好・不況の波はさほど苦にならない。権力とは一定度の距離を保っていたから、政権が交代しても三井には関係がなかった。

濡れ手に粟《あわ》の投機的商法ではなく、勤労精神をベースにして、始末と才覚をモットーに生きる堅実な商人道が、当然のことながら元禄の経済変動を乗りきることができたのである。西鶴も『日本永代蔵』において、三井のことを「大商人の手本なるべし」と絶賛している。

御為替御用達の活躍

三井は、できるだけ幕府や大名とは距離を置く経営方針であったが、そこは天下の大商人である。利ありとみれば、幕府の御用達になることを拒みはしなかった。否《いな》むしろ、積極的に参加したのである。幕府の御為替御用達《おかわせごようたし》に、元禄四年（一六九一）に就任したのがそのよい例である。

徳川幕府の直轄領（天領）は全国に散在していた。東日本の天領の農民から徴収した年貢米や年貢金・銀は、主に江戸に集められ、西日本の天領のそれは主に大坂に集められた。

大坂に集められた年貢米は、そこで換金され、年貢金・銀とともに、大坂城の御金蔵に納められたのち、随時江戸城に送金された。

この幕府公金（金貨・銀貨）の輸送は、大坂―江戸間の伝馬《てんま》と人足を徴発して行われた。海路だと警固がむずかしく、また船は沈没する危険性が高かったので、もっぱら陸路の馬背輸送によった。

輸送品は、なにせ現金そのものである。公金輸送には大勢の武士が随行するなど、大変な手数を要し、宿場や周辺農民に大きな負担をかけた。そのうえ、道中の警備は厳重であったとはいえ、たえず盗賊の危険にもさらされていた。

こうした不便や危険を解消するには、現金を大坂から江戸へ実際には送金せず、手形という名の一片の紙を送るだけで、現金を江戸で請け取れる方法を活用することが必要であった。いわゆる為替の制度である。

離れた土地への送金を、手形などで代用するこの為替制度は、わが国では、すでに中世にみられるが、本格的な発達をみたのは、江戸時代のことである。

そして江戸時代前期の元禄期には、為替は隔地間の商取引決済の重要な手段として、両替商を中心に盛んに利用されていた。幕府は、民間におけるこうした信用制度の一般化を背景として、大坂から江戸への公金輸送に為替を導入した。

すなわち、幕府は元禄四年に、江戸の有力な両替商十二名を御為替御用達に任命し、大坂から江戸へ送られる公金の為替請負業者に指定した。公金為替制度の創始である。

つまり幕府は、かれら御用達に大坂で現金をわたし、その手形を御用達の江戸店に送れば、御用達は現金を江戸城に納入するという仕組みである。その際、取り扱う現金は幕府の金、つまり公金である。したがって、よほど信用があり、かつ財力のある両替商でなくては、御為替御用達に任命されなかった。このとき、御為替御用達に選ばれた商人は、いずれも江戸における一流の両替商であった。

御用達のメンバーは、坂倉屋三郎左衛門・大坂屋六右衛門・海保屋半兵衛・中川屋清三郎・島屋善兵衛・海保屋伝左衛門・海保屋六兵衛・和泉屋三右衛門・朝田屋与兵衛・中川屋三郎兵衛の十人のほか、三井高利の二人の息子の三井次郎右衛門（高伴）と越後屋八郎兵衛（高平）が加わっていた。

なお、御為替御用達を円滑に務めるためには、江戸と大坂の双方に両替店を営んでいたほうがよい。このとき、三井家では江戸両替店の出店として、大坂にも両替店を急いで開店している。

公金為替を請け負ったこれら御用達は、大坂で現金を請け取ってから江戸で幕府に上納するまで、二ケ月間（のちに五ケ月間）の猶予が認められていた。幕府は、御用達に公金為替の手数料を一切支払わなかったが、御用達にしてみれば、多額の現金を二ケ月間、のちには五ケ月間も、無利息で運用することができたのである。

この間に、自己の営業資金にこの公金の一部を繰り入れて営業を拡大したり、利息付きで武家や町人に貸し付けて利息収入を得るなど、御用達にとって公金為替を引き請けたことは、たいへんなプラスであった。

大坂で御用達に渡される幕府公金の年間の額はつまびらかでないが、おそらく多いときには金高に換算して数十万両にものぼったと推計される。今、三井家の場合をみると、元禄十一年には銀五千百三十九貫の公金を大坂で請け取っており、その後も銀六千貫、七千貫と、年を追うごとに増加している。銀六千貫を金高に換算すれば、約十万両という巨額である。このほかに十人の御用達が、それぞれ相応の公金を請け取ったとすれば、先述の数十万両という数字は、あながち見当はずれの推計とはいえまい。

このような巨額の公金を、五ケ月間も無利息で運用できるというのであるから、御為替御用達に任命されたことは、商売のいっそうの伸展を期すうえで、大きなプラスになった。

しかし、利益を得たのは御用達だけではなかった。幕府にとっても、前述のような危険と不便が解消できて、たいへんなプラスであった。さらに東海道筋の宿場や農民たちにとっても、負担が軽減されてよかったのである。一石三鳥とは、まさにこのことである。

しかし公金為替制度の利点はこれだけではなく、このほかにもさらに大きなメリットがあった。じつは、今まで説明を省いてきたことがある。それは、御用達の大坂店が請け取った公金をどのように処理したのか。また一方の江戸店では、幕府に納入すべき現金をどのように調達したのか、という問題である。何の操作も行われなければ、大坂店は現金がたまるばかりであり、江戸店は、すぐ現金不足になってしまったはずである。

この矛盾を、当時の大坂—江戸間の商品流通のあり方が、みごとに解決してくれたのである。というよりは逆に、大坂—江戸間の商品流通の実態を認識したうえで、公金為替の制度が導入されたといったほうがよいかもしれない。

元禄時代の江戸は、将軍の居住する政治都市であると同時に、まだ百万には達していなかったがそれに近い人々が集住する一大消費都市でもあった。そして、これら江戸住民の消費需要をまかなうため、大坂・京都など上方で生産された諸商品が、菱垣廻船などの海運で、大量に江戸へ送られてきた。

このように、大坂から江戸への商品が運ばれれば、当然のことながら、その代金を江戸から大坂に送らねばならない。しかし現金輸送は、やはり不便であり危険であるから、両替商を仲介にして為替による決済が行われた。

江戸商人（主に問屋商人）は、大坂の取引先の商人に代金を直接支払わず、江戸の両替商に支払う。そのかわり江戸の両替商は、大坂の出店で大坂の当該商人に代金を支払ったのである。この両替商の中核が御為替御用達であった。御為替御用達が大坂で幕府から請け取った公金の多くは、江戸商人たちの大坂商人たちへの商品代価として支払われ、一方、江戸城に納入すべき現金は、江戸商人から請け取った代金をあてればよかったのである。

このように、大坂から江戸への幕府公金の輸送は、問屋商人らの江戸から大坂への商品代価の送金と相殺《そうさい》することによって、実際には現金を移動せずに、毎年実施することができた。公金為替制度は江戸―大坂間の商品取引の円滑化にもおおいに寄与したのである。

藩政改革請負屋・松波勘十郎

松波勘十郎という男

事実は小説より奇なりという。元禄時代に、われわれの江戸時代に対する常識的理解の枠をはるかに越えた、劇的な生涯を送った一人の男がいた。その名を松波勘十郎良利という。

松波勘十郎といっても、ほとんどの読者は聞いたことがないであろう。私も、元専修大学教授の林基氏の論稿「松波勘十郎捜索」（一九七四年より九五年まで『茨城県史研究』に連載）に接するまでは、まったく知らぬ人物であった。

かれは、藩の赤字財政を建て直すため、藩政の改革に尽力した。それも一つの藩だけではない。現在判明しているだけでも、次々に七つの藩の財政担当役人として活躍した。

江戸時代に、中間・小者といわれる下級の侍が、主人を次々にかえることは、別に珍しいことではなかった。いわゆる〝渡り侍〟である。しかし藩政改革を断行する中枢の財政役人が、このように次々に違う大名に奉公するということは、ちょっと常識では考えられない。しかも、ある時期には二つの異なる藩の改革に同時に参画している。形式的にいえば、一人の武士が同時に二人の主君に仕えているのである。こうなると、江戸時代に関する従来の常識では、ますます割り切れなくなる。

松波勘十郎とは、そういう謎に包まれた人物である。その出生、広域にわたる活動、その悲劇的な末路に至るまで、未だ不透明な部分が多いが、ともあれ林基氏の丹念な研究成果を参照しつつ、以下にその履歴を追うことにしよう。

勘十郎は、美濃国羽栗郡鶉村の奥田家に生まれた。生年はさだかでない。およそ寛永の末ごろと推定される。やがて同国加納宿の庄屋松波家の養子となり、万治《まんじ》元年（一六五八）から寛文八年（一六六八）までの十年間、加納宿の庄屋を勤めた。しかし『加納町史』に、かれは庄屋をやめた翌年の「寛文九年、立退当所」とあり、なぜか加納宿を立ち退いている。

いったい、かれは加納の町を離れてどこへ行ったのか。『尾濃葉栗見聞集』という書によれば、「加納城下の町に算術に達せし人ありて……御取立にて諸国検地奉行に被仰付、松波勘十郎とて人の知る所なり」とある。引用文中の「算術」とは、田畑・山林・用水路をはじめとする土地の測量術のことであろう。かれは、加納宿の庄屋を勤めたとはいえ、まさに民間人であった。しかも測量術に非常に秀でていたため、検地奉行という武士身分に取り立てられたことが、ここに記されている。

では松波は誰にまず取り立てられたのか。前記の林氏は、幕府の美濃代官杉田九郎兵衛（直昌）ではないかと推察している。杉田は寛文八年からその死の天和三年（一六八三）まで美濃代官を勤め、検地（土地丈量）による石高の増加、つまりは年貢増徴に成功し、幕府財政に大いに資する功績をのこした。その代官杉田の手代に登用され活躍したのが、ほかならぬ松波だというのである。しかし主人である杉田の死により、松波は活躍の舞台を別の地に移し杉田の死から二年後の貞享二年（一六八五）、美濃から遠く離れた下総に松波がいたことが史料的に判明する。すなわち旗本の松平十左衛門（昌忠）の領地である下総国匝瑳《そうさ》郡米倉村の検地役人として、松波勘十郎は登場する。ついで翌貞享三年には、三河国加茂郡に知行地をもつ旗本鈴木市兵衛（寛藤）の検地奉行として、知行地五ケ村の検地を行っている。しかも驚いたことに、元高が五百石であったのに、この検地によって百五十八石も打出し、新高は六百五十八石となった。一気に三〇パーセント余もの増加である。これによって年貢徴収高が増加するので領主の鈴木市兵衛は大喜びだったに違いない。このほか、この前後に旗本の松下彦兵衛（長房）家の財政再建にも活躍している。

この頃、かれは江戸に居住し、これ以外の旗本らにも頼まれて、検地奉行をあちこちと勤めていたらしい。前記の引用史料にも「諸国検地奉行」とある。また『元正間記』という書に、「其頃江戸に松波勘十郎と言者、出所さたかならす、いかさま御旗本衆の家中にて、おのれか謀才をもつて立身したるものと見得たり」とあり、旗本たちの家臣として活躍している。かれは測量術の達人であったから、検地のたびに打出し高をだし、旗本たちの財政再建に寄与したことであろう。しかしその反面、年貢負担が増大した農民たちからは、大いにうらまれたに相違ない。

七つの藩の財政改革

松波勘十郎の旗本領におけるこうした活躍は、大名の耳にも入ったようだ。前掲の『元正間記』によれば、元禄初年には下総の高岡藩（一万石）および上総の大多喜藩（一万六千石）の財政再建を請け負い、三、四年でいずれも成功したという。いかに小藩とはいえ、今度は旗本の家臣ではなく、歴《れつき》とした大名の役人に登用されての活躍である。

やがて元禄六年（一六九三）になると、松波は大和の郡山藩（十一万石）に江戸で召し抱えられた。かれは、元禄六—七年の郡山藩における藩政改革の中心メンバーとして辣腕《らつわん》をふるい、藩財政建て直しのために年貢増徴策を積極的に推進した。たとえば近江にあった郡山藩の三万石の分領に直接出向き、小物成雑税の免除とひきかえに年貢率を二割余も引上げ、約六千石の増徴に成功している。しかもそれを抵当に京都町人から三千両の追加借入を実現した。

郡山藩の藩政改革に同じように尽力していた同役の上島与惣兵衛の証言によれば、松波勘十郎という人物は、「能ク損益ヲ考ル者ニテ、此ヲ欠キ彼ヲ割テ府庫ヲ充ル事ヲ議ル」というように、藩財政を豊かにすることを第一としたので、藩主の信任厚く、「領内ノ事松波ニ委ネ」られたが、そのため「先ツ民ヲ虐ケ苦マシム」結果になったと述べている（『藤原宗邇伝』）。松波が郡山藩を辞したのはいつのことか、さだかではない。

ついで元禄十二年には、備後の三次《みよし》藩（五万石）に迎えられた。元禄九年の凶作で大打撃をうけた同藩では、商人からの借金が増大し、その返済に四苦八苦していた。そこで松波勘十郎を「御勝手方御用」に登用し、藩政改革を実施している。郡山藩でのかれの活動と、その一応の成功を知って、三次藩で採用したのであろう。当時、郡山藩と三次藩とは、藩主同士が親戚関係にあったので、あるいはそうした関係から紹介されたのかも知れない。しかし三次藩の改革は、まだ十分な展開をみぬ元禄十五年に打ち切られた。

ただし不思議なことに、三次藩で活躍中の元禄十四年に、かれは奥州の棚倉藩（五万石）にも召し抱えられた。ここでも年貢増徴のほか、紙改問屋設立の調査や、帆賃運上の調査などを行っており、商品生産や商品流通にも改革のメスを入れようとしている。しかし翌元禄十五年に、領内農民から松波の罷免を要求する訴えが湧き起こり、かれの改革はわずか一ケ年で終った。

ともあれ、この元禄十四―十五年という時期に、かれは三次・棚倉両藩のそれぞれ藩政改革の中心人物として、同時的に活躍している。そんなことがまず物理的に可能であろうか。中国地方の三次藩と東北地方の棚倉藩とでは、およそ三百二十里も離れている。旅をすれば一ケ月は優にかかる距離である。かれは、この遠く隔る両藩の藩政指導を、どうやって行ったのであろうか。

かれはこの頃、屋敷を京都に構え、ここを活動の本拠地としていた。おそらく郡山藩を辞し、浪人になってから間もなくのことであろう。元禄十二年に三次藩が松波を御勝手方御用に採用した際、三次藩ではかれのことを「京都浪人」といっている。

さて三次藩に対する松波の藩政指導の実態であるが、かれは三次に常駐して指導していたわけではない。京都からはるばる出張してきて、十日間ほど三次に滞在し、その間に集中的に指導をし帰京している。たとえば第一回目は、元禄十二年四月十九日に三次に着き、四月二十八日に三次を出立している。

第一回目ということもあろうが、この時三次藩では松波に対し最大級のもてなしをしている。すなわち、藩主浅野長澄の治世の編年史である「天柱君御伝記」の元禄十二年四月の条に、松波の三次滞在中の行動が次のように記されている。

廿日　京都浪人松波勘十郎、御勝手方御用につき罷り越す、今日御屋敷へ罷り出ず、御居間において御目見仰せ付けらる、扇子一箱差上ぐ

廿一日　御料理下さる、其後御居間において御盃下さる

廿三日　御用につき御前へ召し出さる

廿五日　尚又御用につき御居間へ召し出さる

廿六日　御相伴仰せ付けらる　御前へ召し出さる

廿七日　明日罷り帰り候につき、旅宿迄御使者松村儀右衛門久忠を以て、御召袷二、同御羽織一、

銀弐拾枚、菱喰一羽箱入り、葱冬酒壱壺箱入り下さる、早速御礼のため罷り出ず、御居間において御逢、其後御用部屋にて御料理下さる

到着・出立の両日を除けば、松波の三次滞在は中八日であるが、そのうち六回も藩主に逢っている。しかも、しきりに料理のもてなしをうけており、帰京の際は、御召袷はじめ数々の下賜品を頂戴した。藩主のかれに対する配慮には並々ならぬものがあった。今風にいえば、完全に国賓待遇である。もちろん、松波が藩主に逢うのは料理をご馳走になるためばかりではない。「御用につき御前に召し出さる」などとあるように、基本は「御用」にあり、松波が藩主に対して直接、藩政改革の指導をしていたのである。

松波は、この元禄十二年四月の三次訪問についで、同年七月にも京都から三次に来たようである。つまり三ケ月に一回程度の割合で現地に赴き、直接指導をしていたらしいことがうかがえる。しかも、かれが三次不在中の藩政については、その詳細な実施方針書を封印して御用人に渡しておき、松波が三次を出立した後、封を解かせ、その方針書にもとづき藩政を行うよう指示までしている。まことに懇切この上ない。

三次藩の「御勝手方御用」を、松波はこのようにして勤めていたのである。つまり自分自身は時々短期間、三次藩に赴くだけで、しかも藩財政の改革を全面的に指導していたのである。三次藩と同時併行的に、財政役人に登用された棚倉藩における松波の行動形態は、いまのところ判然としない。し

かしおそらく、三次藩の場合と同様、京都から時々出張して指導し、かれが京都に戻っている間の棚倉藩政は、かれの書いた仕様書にそって実施されていたのであろう。

こう考えると、中国地方の三次藩と、東北地方の棚倉藩という遠く離れた両藩の財政役人を、同時的に勤めることは決して不可能ではないということがわかる。しかも二君に同時に仕えるといっても、正規の家臣になったわけではない。当然松波は、禄米や扶持米を三次藩からも棚倉藩からももらっていなかったようである（ただし郡山藩に召し抱えられた際は、扶持米をもらっていた可能性がある）。「御勝手方御用」というのも、藩における通常の役職ではなく、あくまでも臨時的なものであった。松波は、この両藩の臨時の家臣になったといえるが、どちらかといえば藩の財政改革担当の御用達的役人といえよう。そしてかれが活躍の拠点とした京都の自宅は、両藩の藩政改革を請け負う事務所としての機能を有していたのである。

松波が請け負った藩政改革は、すでに述べてきただけでも、下総の高岡藩、上総の大多喜藩、大和の郡山藩、備後の三次藩、奥州の棚倉藩の五藩にのぼる。このほか元禄の末ごろ、かれの郷里である美濃の加納藩の藩政改革を請け負っていたようである。

松波勘十郎が最後に登場する七つ目の藩は、徳川御三家の水戸藩（三十五万石）である。かれは宝永三年（一七〇六）から同六年までの三年間、水戸藩のいわゆる「宝永の改革」の中心人物として大活躍をしている。

水戸藩の勝手方御用

かれは水戸藩においては、「対座」という立場で「御勝手方御用」を勤め、藩政改革を推進した。この対座という耳なれぬ言葉の意味は何であろうか。

『弁姦録』という書に、松波は「御客分無格ユへ対座ト申ニ被仰付、上ハ御家老衆ヨリ下ハ諸手代等マデモ、応対スル人ノ尊卑ニ拘ラズ、対座ニノ御勝手方御用等談合、又諸役所へ出入、改革ノ指図」をしたと記されている。

つまり対座とは、家老であろうが下級の役人であろうが、いつだれとでも対等に自由に話し合うことができ、また藩のすべての役所に出入りして改革の指導ができるというものであった。まさに改革政治を全権委任されたようなものである。

そのかわり、かれは扶持米を藩からもらわなかった。扶持米をうければ、かれにはその扶持高によって格が生じ、藩の家臣団の序列のなかに組み込まれ、家老らと対等に談ずる自由さを失ってしまうからであろう。かれは水戸藩に無扶持で任用されたのである。

ただし、二人の息子が水戸藩に召し出され、長男の勝衛門は二百人扶持、次男の仙衛門は百人扶持をもらっている。林基氏が紹介した松波に対する最初の辞令（宝永三年九月）を引用しよう。そこにまず長男が登場する。

其方儀、此度御勝手向之御用被仰付候ニ付、嫡子勝衛門義被召出、御扶持方弐百人扶持被下置、大吟味役被仰付候条、万端御勝手向精出シ相勤候様ニ被仰出者也

右の史料によれば、松波勘十郎に対し、御勝手向の御用を命じると共に、長男の勝衛門をも二百人扶持で召し出し、大吟味役に任命するので、勘十郎よ大いに御勝手向の御用に精勤せよというのである。勘十郎に直接扶持を与えなかったが、水戸藩は長男を家臣に採用し、扶持米を与えることによって、勘十郎への謝礼をきちんと支払っているのである。

その一年半後の宝永五年二月二十一日には、水戸藩では勘十郎の功績に対する謝礼のさらなる増額を必要としたのであろう。今度は次男の仙衛門を百人扶持で召し出し、家臣としている。

松波勘十郎
同　仙衛門

仙衛門義、此度大吟味役被召出、百人扶持被下置旨被仰出もの也

右の史料で注意すべきは、内容は仙衛門に対する辞令であるのに、父親の勘十郎と連名になっている点である。すなわち次男の仙衛門に百人扶持を与えた形をとっているが、内実は勘十郎に対する謝礼であろう。勘十郎は形式上、前述の理由から水戸藩で無扶持で活躍したのであるが、実態は二人の息子への扶持の形をとって、三百人扶持（五百四十石）をうけていたといってよかろう。なお仙衛門が水戸藩の大吟味役になったことにともない、勝衛門は用人に出世したようである。親の七光により、

二人の息子も同藩でかなり重い地位についたのである。

このように松波は、父子三人で水戸藩の藩政改革を推進した。改革の内容は、ここでも年貢増徴が中心課題であったが、このほか諸種の事業による益金収入をはかるとともに、宝永四年七月から鹿島郡の城之内村より紅葉村に至る運河の掘削計画を実施した。しかし運河工事の賃銭が不払いになったり、宝永五年から年貢を大幅に引き上げたりしたため、同年十一月には全領の農民が年貢の減免と工事賃銭の支払いを求めて郡奉行に出訴した。しかも郡奉行がこの訴えを取りあげなかったため、宝永五年暮れから翌六年正月にかけて、数百名の農民が江戸の水戸藩邸に押しかけ、松波の苛政《かせい》停止を直訴したため、正月二十七日、ついに松波父子は追放処分となり、改革は全面的に停止となった。農民側からすれば、犠牲者なしに要求をほぼ貫徹した勝利の闘争であった。

松波の悲劇的な最期

一方の松波父子の末路は悲惨であった。水戸藩を追放されたとはいえ、松波父子には、もちろん帰る場所があった。京都の大きな屋敷である。それまで藩政改革を請け負うたびに、その指導の情報発信地となっていた松波の拠点である。水戸藩がだめならまた別の藩というのが、それまでのかれの人生であった。次の藩から声がかかるまで、しばらく骨休みしていようとかれは思っていたかも知れない。あるいは、もう政治の世界はこりごりだと、息子らと共に悠々自適の晩年をと願っていたかも知れない。

しかし事態は、そうしたかれの思惑とは別の方向へと急展開してしまった。半年後の宝永六年六月に、追放の身でありながら水戸領内に立ち寄ったことを理由に逮捕され、牢に入れられたのである。そのうえ、京都にいた二人の息子も偽の手紙でおびき出され、これまた逮捕されて入獄した。そして僅かの間に三人それぞれが別々に獄中で死亡した。

松波父子三人が、どういう死に方であったかおよそ見当がつく。水戸藩では、藩内の事情や、さまざまな秘密を知りつくした松波父子を抹殺したかったのである。幸い、領内の農民の松波に対する怨《うら》みは格別であった。そうした気運のなかで、水戸藩では、かれらの死を公表せず、事件を闇から闇に葬り去った。

以上のような松波の生涯をみると、かれは中国・近畿・奥羽・関東の七つの藩、つまり日本中を股にかけ藩政改革を請け負って活躍した専門家であった。いわば〝藩政改革請負業者〟である。

では、かれはだれの指図でこのような行動をしたのであろうか。またなぜ藩の側では、いとも簡単にこうした山師的な人物を自藩の改革の中枢に登用したのであろうか。しかも他藩でも同時に登用されているのを知りながらである。

この謎を解くのは容易ではない。しかし、松波をこれらの藩に送り込んだのは、一群の大名貸商人たちであったとすれば、筋書がかなりはっきりみえてくるであろう。

当時、藩の借金返済が滞り、大名貸商人はその回収に躍起となっていた。単なる催促だけでは、埒《らち》があかない。そこで大名貸商人が、藩の財政再建のエキスパートとして松波に白羽の矢をたて、かれを債権回収の尖兵《せんぺい》として藩内部に送り込んだと考えたい。

そう考えれば、松波がいくつかの藩を渡り歩いたり、二つの藩に同時に仕えた疑問も解消する。そしてまた、松波が功をあせって、短期間に効率的に債権を回収しようとしたため、農民に重税を課することになり、関係した多くの藩で農民の抵抗＝百姓一揆を誘発したのである。

松波の悲劇的な最期は、大名貸商人らの必死の貸金回収の努力も、農民の反発と藩側の強権発動で結局は思うようにならなかったことを象徴している。

財産を没収された淀屋辰五郎

江戸時代に、商人から藩がどんなに借金しても、藩が倒産してつぶれてしまったという話を聞いたことがない。中世ヨーロッパの封建領主なら、同じように商人から厖大な借金をして、元利の返済ができなくなったような場合は、その商人に領主権を譲渡するのが通例であった。

しかし日本の江戸時代には、債権者の商人が債務者の封建領主＝大名にとってかわって、藩の経営者になることは絶対になかった。もし仮に大名が借金で首が回らなくなり、倒産の危機に直面するようなことになった場合には、中央権力たる幕府が、直接的にせよ間接的にせよ、何らかの形で強権を発動し、士農工商の身分制度を錦の御旗として、事態を糊塗したのである。

大坂の豪商淀屋辰五郎が、町人の分限をこえた驕奢《きようしや》な行状のゆえをもって、宝永二年（一七〇五）

った。

に闕所《けっしょ》（財産没収）・所払いの刑に処せられた事件は、まさにその代表例といってよい。

淀屋は、江戸時代のはじめから先祖代々、大坂随一の豪商として、大坂の発展に寄与した名家であった。

初代の淀屋常安は、材木商として土木請負に活躍し、大坂の総年寄を勤めた。また幕府の許可を得て、はじめて米相場を建てたり、大坂中之島の開拓に力を尽くした。今も淀屋橋とか淀屋小路とか常安町とかの名が残っているが、いずれもその功績を物語るものである。常安が貯めた金銀財宝は、四十八のいろは蔵や十二の銀土蔵に、ぎっしりつまるほどであったという。

続いて二代目の言当も、大坂青物市場の発起人になったり、海産物業者のために新靭町・新天満町・海部町などの町づくりに功があった。さらに諸藩の蔵米を預かる町人蔵元としても活躍するようになった。

そして辰五郎の父の四代重当のころには、手代三十四人、家内百七十人という盛大な暮らしで、その居宅の敷地規模も、表は北浜、裏は梶木町、東は心斎橋筋、西は御堂筋に至る壮大なものであった。また上方以西の大名で、淀屋から借金していない者はないといわれるほど、かれはさかんに大名貸を行った。

淀屋辰五郎は、元禄十年（一六九七）に五代目の当主となった。のちに幕府から、町人の分限をこえた豪奢な暮らしだと指摘され、処罰された人物だが、かれの屋敷を見れば、そのぜいたく三昧《ざんまい》ぶりがうかがえる。

『元正間記』という書に、「大書院・小書院は、総体金張り付き、金襖に極彩色の四季の花鳥を描かせ、庭には泉水、立石、大樹珍木を植え、夏座敷と名付けた四間四方の座敷には、四面に濡縁をつけ、当時はまれな舶来品のビードロの障子をたて、天井もまたビードロ張りにして、そこに清水をたたえ、金魚を放ち、寝ながらそれを眺めていたという豪奢な作りであり、そのほか数寄屋の構えも同様な豪勢さで、将軍や大名の居所でも到底これに及ぶまい」という趣旨のことが記されている。

しかし、幕府が淀屋を処罰した本当の理由は、こうした町人の分際をこえた豪奢な生活をしていたからだろうか。

幕府に没収された淀屋の莫大な資産は、諸書によってまちまちであり、いずれも信用できない。まじめに計算していくと金十億両とか二十億両とかいう、気の遠くなるような数字になってしまう。しかしそうした数字になる大半の理由は、大名への貸付高が巨額にのぼっていたためである。幕府のねらいはその帳消しにあった。要するに元禄期には、淀屋から大名への貸金高が厖大になり、各藩の米穀の売捌《うりさば》きは、ほとんど淀屋一軒の左右するところで、大名たちは淀屋に対し、完全に従属した状態となった。淀屋辰五郎の闕所事件は、その驕奢な生活が、幕府による咎《とが》めの理由となったが、その真相は、以上のような大名財政の窮乏化を救うために、幕府がいいがかりをつけて淀屋一家を犠牲にした事件だったといってよい。

料金受取人払郵便

本郷局承認

6427

差出有効期間
2026年1月
31日まで

郵便はがき

113-8790

東京都文京区本郷7丁目2番8号

吉川弘文館 行

愛読者カード

本書をお買い上げいただきまして、まことにありがとうございました。このハガキを、小社へのご意見またはご注文にご利用下さい。

お買上**書名**

＊本書に関するご感想、ご批判をお聞かせ下さい。

＊出版を希望するテーマ・執筆者名をお聞かせ下さい。

お買上
書店名　区市町　書店

◆新刊情報はホームページで　https://www.yoshikawa-k.co.jp/

◆ご注文、ご意見については　E-mail:sales@yoshikawa-k.co.jp

ご氏名《ふりがな》	年齢　　歳	男・女
〒□□□-□□□□　ご住所	電話	
ご職業	所属学会等	
ご購読新聞名	ご購読雑誌名	

今後、吉川弘文館の「新刊案内」等をお送りいたします(年に数回を予定)。
ご承諾いただける方は右の□の中に✓をご記入ください。　□

注文書

月　　日

書名	定価	部数
	円	部
	円	部
	円	部
	円	部
	円	部

配本は、○印を付けた方法にして下さい。

イ. 下記書店へ配本して下さい。
(直接書店にお渡し下さい)

(書店・取次帖合印)

書店様へ＝書店帖合印を捺印下さい。

ロ. 直接送本して下さい。

代金(書籍代＋送料・代引手数料)は、お届けの際に現品と引換えにお支払下さい。送料・代引手数料は、1回のお届けごとに500円です(いずれも税込)。

＊お急ぎのご注文には電話、FAXをご利用ください。
電話 03−3813−9151(代)
FAX 03−3812−3544

元禄の勧進相撲

勧進相撲の再開

五代将軍綱吉の治政時代（一六八〇―一七〇九）の、主として三都（江戸・京都・大坂）の相撲興行の話である。あの元禄文化を生んだ時代のことである。相撲史の上でも、この時代に大きな変化がみられた。たとえば勧進相撲《かんじんずもう》の再開とか、土俵の成立などである。尾張《おわり》藩士朝日重章の日記『鸚鵡籠中記《おうむろうちゅうき》』を読めばわかるが、彼はたいへん筆まめで、記録マニアである。

その中に、キラリと光る相撲の記事があった。元禄十二年（一六九九）七月十六日の記事である。すなわちこの年に、「四、五十年以前これあり、その後絶えてなかりし勧進相撲」が、京都町奉行から許可されたとある。京都では、慶安・承応・明暦のころに行われていた勧進相撲が、その後禁止となり、四、五十年の中断ののち元禄十二年に再び許可されたことがわかる。

さらに同じ日の日記に、「京にて、岡崎と吉祥寺《きっしょうじ》と両所にこれあり。東西国の扶持《ふち》人相撲取ども、追々登る。吉祥寺にては勧進本、銀四十貫目余り儲《もう》けたり」と、実際に勧進相撲が岡崎と吉祥寺の二ケ所で行われたことが記されている。しかも吉祥寺の場合は、勧進元が金に換算すれば八百両ほども儲りたという。なお出場する力士の多くは、「扶持人」とあるから、東国や西国《さいごく》の諸大名らのお抱え力士であったようだ。

ともあれ元禄十二年以後、京都において勧進相撲はさかんに催された。尾張藩の朝日重章は、翌元禄十三年に御畳奉行に出世、さらにその翌年の元禄十四年四月には、職務の関係で畳の買い付けに京・大坂へ出張した。その京都滞在中の四月二十七日、好奇心旺盛《おうせい》な彼は岡崎村へ勧進相撲の見物に出掛けている。

彼の刻明な記録によれば、勧進相撲の名目は大原野社《おおはらの》の修復のためで、四月二十二日からの興行である。宮方と寄方とにわかれ、宮方の大関は十五夜団兵衛と金碇二太夫、関脇は八重垣和田之助と荒波四五右衛門、小結は獅々留関右衛門と片男浪蝶之助である。一方の寄方の大関は大山次郎右衛門と両国梶之助、関脇は一ツ松半太夫と立山理太夫、小結は松山佐五左衛門と唐竹茂次丞であった。行司は川崎林右衛門・木村茂太夫・西川宇右衛門の三名がつとめた。

さて、ここにいう勧進相撲とは、寺社などの建立・修築資金を集める（勧進する）ために催す相撲興行のことである。すでに中世末からしばしば行われていたが、江戸時代に入って、各地でいっそうさかんになった。しかし、やがて勧進は名目上のこととなり、多くの場合、職業人としての力士らの生計を支えるための興行となった。

京都では、江戸時代の初めから勧進相撲がさかんに行われていたものと思われる。それがいったん禁止され、半世紀近くたった元禄十二年に再び許可されたことは、前述の朝日重章の日記のほか、『古今相撲大全』の記事によっても確認できる。

それでは、江戸の場合はどうであろうか。江戸で勧進相撲が禁止されたのは慶安元年（一六四八）である。同年二月の江戸町触に、「勧進相撲とらせ申すまじき事」とある。幕府の方針の変更である。その理由は、はっきり示されてはいない。おそらく理由の一つは、勧進相撲興行中にしばしば喧嘩沙汰《けんかざた》を起こしたことによるものと推察される。のちの解禁後の勧進相撲も、喧嘩口論が場所中に起きると、次の勧進相撲の許可がなかなかおりず、中断の憂き目にあっている。京都における勧進相撲禁止の理由も、ほぼ同じであろう。

勧進相撲を禁止された江戸の相撲取りたちは、生活に困るので必死にその許可願いを幕府に提出した。たとえば寛文年中に、相撲取りの世話役である年寄仲間が、しばしば幕府に嘆願しては却下されている。上野東叡山《とうえいざん》の門跡に駕籠《かご》訴《そ》したり、町奉行に直訴したり、さまざまな手段をとって願い出たが、いずれも聞き届けられなかった。

しかし貞享元年（一六八四）に、寺社奉行本多淡路守《あわじのかみ》忠周に願い出た際、ついに江戸における勧進相撲の興行が許可された。三十六年間の中断であったが、京都より十五年も早い勧進相撲の再開であった。

『勧進相撲願控』という史料によれば、この貞享元年から将軍綱吉が没する宝永六年までの二十六

元禄5年の相撲年寄仲間

難波佐兵衛	（細川越中守牢人）
大獅子十五太夫	（松平丹波守牢人）
小車庄三郎	
中川浅之助	（松平但馬守牢人）
段浦友右衛門	（酒井右京亮牢人）
松山浅右衛門	
平山庄太夫	（井伊伯耆守牢人）
大竹市左衛門	
玉岡星之助	（松平伊豆守牢人）
十七勘兵衛	（丹波左京太夫牢人）
道柴七太夫	
尾上六郎左衛門	（宗対馬守牢人）
異国三太兵衛	
浅香山市郎右衛門	
木村喜左衛門	（津軽越中守牢人）
杜川鉄兵衛	（小出淡路守牢人）
大木戸数右衛門	（最上刑部牢人）
桜川三太夫	（西尾隠岐守牢人）

『勧進相撲願控』より

年間に、江戸で興行された勧進相撲は七十七回にものぼった。年平均三回である。多い年は一年間に五回も興行している。まさに元禄時代は、相撲興行花ざかりの時代であった。興行期間は、元禄元年四月までは晴天七日間、元禄元年六月からは晴天八日間となった（近世後期の安永七年三月より晴天十日間となる）。

では、なぜ貞享元年に、幕府はそれまで禁じていた江戸の勧進相撲を認めたのであろうか。

その理由の一つは、江戸の町の治安維持のためと思われる。当時の江戸の町々には、髪を大立髪に結い、大刀《たち》を帯びるなど異様なスタイルで、遊侠的《ゆうきょうてき》な行動を誇示する「かぶき者」たちが大道を闊《かっ》歩《ぽ》したり、男伊達《おとこだて》を競う若者たちが、勝手ないんねんをつけては暴れ回っていた。勧進相撲が禁止されてから、いっそうさかんになった辻《つじ》相撲（これも禁止令が頻発された）は、勝負判定のもつれから喧嘩になりやすかったので、かれらの格好の暴れ場所にもなった。

勧進相撲が禁止され、生計の道を閉ざされた相撲取りのなかには、もともと力自慢の者たちであるから、こうした喧嘩騒動に巻き込まれる者もしばしばいた。勧進相撲の再開は、こうした不穏な社会状況に対処して、かぶき者らによる俠客《きようかく》集団や、素人《しろうと》の男伊達を競う若者集団などから、プロの相撲取りを引き離し、相撲取りに対する統制を徹底するための措置であったと考えられる。

事実、勧進相撲の再開にあたって幕府は、相撲取りの世話人である年寄仲間に責任体制をつくらせ、興行ごとに勧進元と差添役をその年寄仲間から一人ずつ出させるなどして、相撲取りの取り締まりと興行場での喧嘩口論の防止につとめさせることとした。元禄五年当時の年寄仲間は別表のとおりであり、かれらの多くは、もと大名らのお抱え力士で、その後現役を退き牢人《ろうにん》となった者たちである。

五代将軍綱吉による元禄政治の特色は、戦国の余風の一掃にあり、逸脱の世界から秩序ある世界への転換にあった。勧進相撲が再開された貞享元年は、綱吉が将軍に就任してから四年目のことであった。ただし勧進相撲再開の背景には、もう一つの大きな理由があった。

都市政策と勧進相撲

わが国の歴史上、はじめて「都市の時代」の、到来を告げたのは、元禄時代のことであった。この時代、大名や家臣団が居住していた城下町が、それぞれの藩における政治的のみならず、経済的な中心地としての地位を確立した。と同時に、これら城下町経済と深く結びつくことによって、江戸・京都・大坂のいわゆる三都も、全国経済の中心都市としての地位を固めた。こうして元禄時代には、都市を媒介とする全国経済網が張りめぐらされ、わが国経済の循環は、都市の存在抜きにしては不可能な時代となった。

このような都市化政策を推進したのは、ほかならぬ綱吉による元禄政治であった。たとえば大坂の人口推移をみると、綱吉が将軍になる以前の寛文九年（一六六九）には二十七万九千六百十人であったが、綱吉が没した宝永六年（一七〇九）には二十八万千六百二十六人に達した。元禄時代を経過するなかで、一挙に三六パーセント増にあたる十万余の人口が増加した。

大坂におけるこうした人口増加の背景には新地開発政策があった。事実、元禄十一年には大規模な堀江新地の開発が行われている。ただし、せっかくの開発地が死の街になったのでは何の意味もない。そこで新開地の繁栄策として、幕府は茶屋・湯屋・芝居などの営業を許可したほか、堀江新地には特別に勧進能と勧進相撲の興行を許可したのである。

『大阪市史』によれば、元禄十五年正月に袋屋伊右衛門なる者が、春秋二季の勧進相撲興行を大坂町奉行に願い出て許可された。当初は上前金二千両を上納すること、興行中は堀江町々より年寄・町代・下役が三人ずつ出張して、見物人に喧嘩口論が起きぬよう場内の統制にあたることなどが公許の条件であった。上前金の具体的内容は不詳であるが、堀江新地の町々への助成金にあてるための上納金と思われる。

こうして第一回目の勧進相撲が、元禄十五年四月三日から晴天十日、もらい日三日、合わせて十三日間、橘通《たちばなどお》り三丁目にて行われた。興行場は、おそらく竹矢来とこもで囲われていたと思われるが、広さは四十間（七十二メートル）四方で、四面にそれぞれ一ケ所ずつ出入口が設けられていた。
出場力士は、東方は大関筑紫磯之助、関脇久米川三太夫、小結立山利（理）太夫ら、西方は大関両国梶之助、関脇一ツ松半太夫、小結錦龍田右衛門ら、勧進元は大山治郎右衛門であった。
『大阪市史』には、「木戸札元禄銀にて三匁《もんめ》、桟敷四十三匁、畳一畳金百匹なりしに、大阪最初の相撲なりしかば、看客早天より雲集し、十日間の収入銀百八十六貫目余なりしといふ」とある。たいへんな盛況で、興行は大成功であった。

十日間の収入は、銀を金単位に換算すれば、およそ三千百両である。前述の二千両の上前金を上納しても、なお千百両ほどの収入が残る。それに三日間のもらい日興行の収入分がまだある。この興行は、堀江新地の町々にとっても、力士たちにとっても大成功であったことがよくわかる。

右の『大阪市史』の記述によれば、この興行が大入りになった理由として、「大阪最初の相撲なりしかば」とある。勧進相撲はそれまで行われたことがなく、これが大坂では最初だという。江戸でも京都でも、勧進相撲は江戸時代の初めにはさかんに行われており、いったん禁止されたが、江戸では貞享元年（一六八四）に、京都では元禄十二年（一六九九）に再開された。

したがって、元禄十五年に大坂で許可された勧進相撲も実は最初の興行ではなく、再開興行ではなかったか。正徳年間に書かれたといわれる『木村喜平次相撲家伝鈔《でんしょう》』によれば、寛文年中（一六六一—七三）に小作兵庫という行司が大坂の恵比須島《えびすじま》で興行したことがあったが、興行中に喧嘩口論が起きたため停止させられたと記されている。このように大坂においても寛文年中以前に相撲興行がさかんに行われていたものと思われる。しかし江戸時代の初めに大坂で行われていた相撲が、公許の勧進相撲であったかどうかについては、いまだ十分な確証は得ていない。

ともあれ、大坂では前述の元禄十五年四月の興行に引き続き、同年八月七日より第二回目の、翌元禄十六年三月十一日より第三回目の、勧進相撲が行われた。いずれも晴天十日、もらい日三日、合わせて十三日間の興行であった。ただし堀江新地の町々への助成金となる上前金の上納額は、第一回目の二千両に対し、第二回目は千三百両、第三回目は七百両と減額している。

以上のように元禄十五年から許可された大坂の勧進相撲は、勧進相撲本来の意味である寺社の建立資金などを集めるために催す相撲興行では名実ともになくなっていた。元禄の大坂における勧進相撲は、大坂の市街地拡大政策推進の一環として公許されたのである。

では、江戸ではどうであったか。前述のように、幕府が貞享元年に勧進相撲の再開を許可した理由の一つは、江戸の治安維持にあった。そしてもう一つの理由は、大坂の場合と同じように、江戸の都市域拡大政策と深くかかわっていた。再開された勧進相撲の興行地域を分析してみると、そのことがよく理解できよう。

貞享元年から元禄政治が終わりを告げる宝永六年までの二十六年間に、江戸で興行された勧進相撲は七十七回である。興行場所は、仮設とはいえ広い空間が必要であったから、一般に寺社の境内が利用された。したがって天保四年（一八三三）以降に、本所《ほんじょ》の回向院《えこういん》が定場所となるまでは、どこか一ケ所に固定することなく、江戸のさまざまな寺社の境内で興行された。

前記二十六年間のうち、最多の興行場所は深川八幡《ふかがわはちまん》の別当寺である永代寺《えいだいじ》で十六回、次いで深川八幡御《お》旅所《たびじょ》の本所一ツ目で八回も行われている。地域的に見ても深川地域が十五回、本所地域が十一回と群を抜いており、以下、浅草地域の九回、芝地域の六回と続く。

興行場所は固定されてはいなかったが、元禄時代を通して、勧進相撲が江戸のどこに重点をおいて興行されたかが分かろう。深川・本所地域を合わせると二十六回、つまり一年に一度は、かならず江東地域で勧進相撲が行われた勘定になる。

元禄時代は、深川・本所地域が新市街地として、江戸市中に組み込まれていく時代であった。江戸の拡大である。隅田川の江東地区への架橋も、元禄の新開地繁栄策と密接に関係していた。それまでは両国橋だけであったが、元禄六年に新大橋、元禄十一年には永代橋が架けられ、経済センターの日本橋地域と江東地域との人的・物的流通が密接になった。

このように元禄時代における勧進相撲再開の公許は、都市における路上の平和維持策と、新市街地化の振興政策の一環であった。

土俵の成立

江戸時代初期（十七世紀前半）にさかんに行われていた三都の勧進相撲が、いつ禁止され、そしていつ再開許可されたのか、ここでもう一度整理してみよう。

まず江戸は、両年代ともにはっきりしていて、慶安元年（一六四八）に禁止され、三十六年後の貞享元年（一六八四）に再許された。京都の場合は、禁止年代がはっきりしないが、慶安〜明暦以後四、五十年間の中断があり、元禄十二年（一六九九）に再開された。大坂も禁止の時期は不明であるが、寛文年間（一六六一—七三）に禁止例がみられるのでそれ以後中断し、元禄十五年（一七〇二）に許可された。

すなわち再開は、いずれもいわゆる元禄時代のことである。

それでは、中断以前の初期の勧進相撲と、再開後の元禄の勧進相撲とでは、興行場の光景にどのような相違がみられたのであろうか。結論から先に申せば、土俵の有無である。

江戸初期の相撲興行のようすは、「洛中洛外図《らくちゆうらくがい》」や「四条河原遊楽図《しじようがわら》」といった近世初期の風俗屏風絵《びようぶ》などによって知ることができる。

それによれば興行場は、竹矢来に筵幕《むしろまく》を張りめぐらしたいわゆる「切虎落《きりもがり》」でまわりを囲み、外部と遮断している。もちろん無蓋《むがい》（屋根なし）である。そして入場用の鼠木戸《ねずみきど》があり、木戸の上部に櫓《やぐら》が組まれ、太鼓、それに毛槍《けやり》もしくは梵天《ぼんてん》が数本並べられている。突棒《つくぼう》・刺股《さすまた》・袖搦《そでがらむ》の武具が立てられることも多い。歌舞伎《かぶき》や人形浄瑠璃《じようるり》の小屋の風景と、ほとんど同じである。

櫓は、神をこの場所に迎えるための目じるしとして重要な意味を持っていた。梵天や武具は、神を招き迎えるための依《よ》り代《しろ》として立てられた。太鼓の音もまた、神を招き、神を送る装置の一つと考えられる。

相撲は、歌舞伎と同じように神事と深い関係があった。相撲の興行化に際しても、興行場の建物や小道具類には、神事相撲としての性格が色濃く反映されている。

次に興行場の内容をみると、(1)四本柱も土俵もなく、観客が囲んでいる中で相撲を取っている（例えば「京都賀茂《かも》社図」）、また、(2)土俵はないが屋根のない四本柱の中で取り組んでいる（例えば「四条河原遊楽図」）、あるいは、(3)土俵はないが屋根つきの四本柱の中で取り組んでいる（例えば「祇園《ぎおん》社・四条河原図」）など、さまざまである。

しかし、いずれも土俵がない点で共通している。江戸初期に、すでに四本柱は登場しているが、土俵はまだ成立していなかったことに注目したい。

では、元禄時代に再開された勧進相撲の具体像はどうであったか。

それを明らかにしてくれる好史料がある。元禄十二年に京都で再開された勧進相撲についての『大江俊光記』の記事である。この勧進相撲は、京都岡崎村天王社の修復資金を集めるために、元禄十二年五月二十八日から六月十九日までの間の七日間（連日ではない）行われた。

五月二十八日の初日の記事によれば、「宮本大関両国梶之介《(助)》、其外二十八人、寄方大関大灘浪右衛門、其外二十八人、宮本行司吉田追風、岩井団右衛門、木村茂助、吉田虎之助、寄方の行司同、何《いずれ》も力相撲

也、芝居三十五間に四十間也、土俵四本柱、三間四方、其内丸く二間、地行より三尺程高し、桟敷六十三間、壱間二帖《いっけんにじょう》三十五匁、木戸三匁、芝居ノ内、四方に茶屋、寸地も不残」とある。

相撲場の光景であるが、先述のように切虎落て囲まれ、鼠木戸の上に櫓があったのであろう。観客の一般席（芝居）の広さは、三十五間に四十間（千四百坪、四六二〇平方メートル）、それに後方に、おそらく一層の屋根つきと思われる桟敷席が六十三間分（一坪ずつに仕切られたものが六十三）あった。木戸銭（入場料）は銀三匁、桟敷の場合は一間分につき銀三十五匁であった。

元禄十五年の大坂橘通り三丁目での再開第一回興行も、四十間四方の面積で京都とほぼ同規模、木戸銭も銀三匁で同額、ただし桟敷代は銀四十三匁と大坂の方がやや高かった。

さて『大江俊光記』で特に注意すべきは、「土俵四本柱、三間四方、其内丸く二間、地行より三尺程高し」という部分である。

観客席の地べたより三尺（約九〇センチメートル）程高く三間四方の土を盛り、その四隅に四本柱が立っていた。しかも三間四方の内側に、直径二間の円があったというのである。

明らかに円型土俵の登場である。しかもこの十俵の直径二間は、京間の二間なので、京間の一間＝六尺五寸を二倍すると、直径十三尺（三・九四メートル）の土俵であったことがわかる（この十三尺は、昭和六年に十五尺に改定されるまで続いたことになる）。

以上は、元禄十二年の京都勧進相撲の場合であるが、おそらく江戸の勧進相撲も、貞享元年の再開

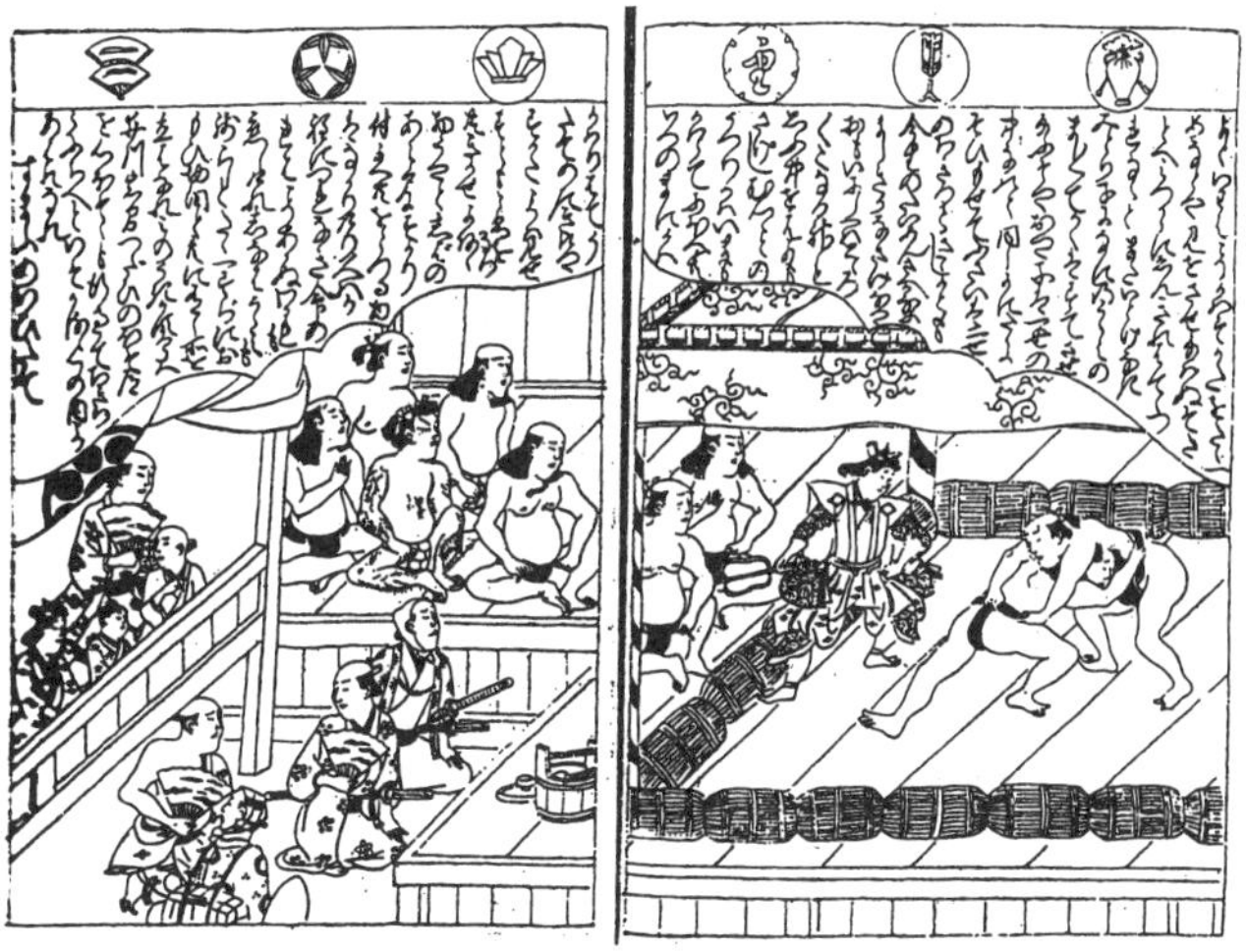

すまふのいひたて（『古今役者物語』より）

第一回興行から、すでに土俵が使用されていたものと思われる。

それが証拠には、元禄時代のやや以前から元禄時代にかけて、江戸で活躍した浮世絵師菱川師宣が描いた「相撲の図」や「土俵の図」をみると、円型の土俵の中で取組が行われている。ただし四本柱がないのが、京都とは違うようである。また当時の土俵は、東西の所にそれぞれ一俵分ぐらいの空間があり、徳俵はまだない。この空間は水はけなどのためであったと思われる。

以上のように、江戸初期の勧進相撲に土俵がなく、元禄時代の再開勧進相撲に土俵が登場してきた。しかも土俵そのものは、貞享元年の江戸勧進相撲再開より以前に成立していた。延宝六年（一六七八）に江戸で出版された狂言尽しの絵本『古今役者物語』のなかで「すまふのいひたて」の挿絵を、ご覧いただきたい。

実はこの絵も菱川師宣が描いたものであるが、舞台で役者が演じる相撲の場面に、なんと四本柱に四角い土俵がしつらえてある。当初の土俵は、丸くても四角でもよかったのが、やがて三都の大相撲では、今日のような円型土俵に統一され、四角い土俵の伝統は南部相撲の土俵に引き継がれたと考えられる。

そして何よりもこの挿絵は、土俵が貞享より以前の延宝期に、すでに成立していたことを示している。勧進相撲の中断期に土俵が成立したというのが現在の私の考えである。さらにひょっとしたら、貞享元年の勧進相撲の再開は、土俵という新しい興行上の演出法の成立が前提となって、はじめて実現したのではないかと思いはじめたところである。

土俵の成立によって、相撲がどれほど面白く奥深いものになったことか。寄り切り、押し出し、うっちゃり等々の新しい技が生まれ、小よく大を制すなど、娯楽として相撲を見る楽しさが何層倍も多くなった。元禄の大相撲は、新展開を遂げたのである。

第五章　歴史における虚像と実像

日本左衛門こと浜島庄兵衛

問われて名乗るも

盗賊を主人公にした歌舞伎《かぶき》を白浪物という。幕末の河竹黙阿弥《かわたけもくあみ》作「白浪五人男」は、なかでもその代表であろう。「白浪五人男」というのは通称で、正式の外題は『青砥《あおと》稿《ぞうし》花《はなの》紅彩画《にしきえ》』である。

問われて名乗るもおこがましいが、生まれは遠州浜松在、十四の年から親に放れ、身のなりわいも白浪の沖を越えたる夜働き、盗みはすれど非道はせじ、人の情を掛川から金谷をかけて宿々で、義賊と噂高札に廻る配付のたらい越し、危ねえその身の境界も、最早四十に人間の定めはわずか五十年、六十余州に隠れのねえ賊徒の首領日本駄右衛門。

ご存じ「稲瀬川勢揃いの場」の名セリフ。この賊徒の首領日本駄右衛門にはじまり、「さてその次は江の島の岩本院の児あがり」の弁天小僧菊之助、さらに忠信利平、赤星十三郎とつづき、「さてどん尻に控えしは」の南郷力丸にいたる五人男のツラネは、役者と観客との一体感をいやがうえにも盛りたてる、みごとな歌舞伎の演出場面である。

もちろん、この五人の盗賊たちは虚構の世界の人物である。しかし一味の首領として登場する日本駄右衛門には、実在のモデルがいた。「日本左衛門」とあだ名された浜島庄兵衛（一七一八―四七）という大盗賊である。

浜島庄兵衛は江戸時代の半ばを過ぎた寛保《かんぽう》・延享《えんきょう》（一七四一―四七）のころ、大勢の手下の盗賊を率いて東海道筋を荒らしまわった。その行動半径は、遠江（遠州）を中心に美濃・伊勢・尾張・三河・駿河など広範囲にわたった。

業を煮やした幕府は、延享三年（一七四六）十月に庄兵衛を全国に指名手配した。悪運もはやこれまでと観念した彼は、翌延享四年正月に自首して出、三月に打首《うちくび》・獄門となった。ときに庄兵衛、三十歳であった。

しかしなにせ盗賊であるから、その行動には陰の部分が多く、彼の履歴はいま一つ判然としない。そのうえ彼の死後、義賊としての伝承が生じたため、いっそう、その実像はみえにくくなった。白浪五人男の日本駄右衛門は、この浜島庄兵衛のあだ名の日本左衛門をもじったものであるが、作者の河竹黙阿弥も、日本駄右衛門を「盗みはすれど非道はせじ」「義賊と噂高札に」というように、義賊伝承にそった形で描いている。

浜島庄兵衛は享保《きょうほう》三年（一七一八）に生まれた。生地は不明である。「生まれは遠州浜松在」という芝居のセリフを裏付ける証拠はどこにもない。父は尾張藩の下士で、七里役を勤めた浜島富右衛門といわれている。庄兵衛は本名で、通称は十右衛門といった。日本左衛門は、盗賊仲間内での異名である。

父の浜島富右衛門が勤めた七里役とは、七里衆とも七里飛脚ともいい、尾張藩直営の飛脚のことである。名古屋と江戸との間に、七里（実際は四―六里、一里は約三・九キロメートル）ごとに十八ケ所の中継所＝七里役所（七里小屋とも称した）を設置し、それぞれ二名ずつ計三十六名の七里役を置き、藩の御状箱などの継送にあたらせた。

すなわち池鯉鮒・法蔵寺・二川・篠原・見付・掛川・金谷・岡部・小吉田・由井・元吉原・三島・箱根・小田原・大磯・藤沢・程ケ谷・六郷の十八ケ所である。このうち法蔵寺（藤川・赤坂間）・篠原（舞坂・浜松間）・小吉田（府中・江尻間）・元吉原（吉原・原間）・六郷（川崎・品川間）の五ケ所は、東海道の宿場ではない。おそらく里程間隔のうえから、間の宿に七里役所を置いたものだろう（徳川義親『七里飛脚』）。

七里飛脚は名古屋・江戸間の所要時間により、「一文字」「二人前」「十文字」の三種があり、ほかに普通便にあたる「無刻付」というのがあった。超特急便の一文字はわずか約四十八時間（二日）、特急便の二人前は約五十六時間、急行便の十文字は七十二時間（三日）前後で到着した。五日半から六日はかかった無刻付の飛脚にくらべ、相当なスピードであった。

尾張藩にかぎらず、このように江戸と領国とを結ぶ自藩専用の飛脚制度を設けていた藩は多い。とくに紀州（和歌山）・越前（福井）・松江・姫路・津山・松山・高松などの諸藩は、尾張藩と同様に七里飛脚と称した。彼らは藩の御状箱継送という重要な任務を帯びていたので、道中筋において相当わがままな権威をはっていたようである。

享保年間に書かれた『民間省要』にも、御状箱の威光をかさにきて、その通行に人払いをさせたり、費用・労力を宿場の人びとにおしかぶせたり、あるいは道中少しでも齟齬《そご》があると、それをたねにおどし・ゆすりをし、子分たちを集めて無銭で酒宴遊興にふけるなど、「道中第一の難儀、此事と成るこそ悲しけれ」と、七里役の横暴を嘆じている。

そのあまりの横暴ぶりに手を焼いた藩では、七里役に派手な印半纏《しるしばんてん》を着せ、わがままな行動を自主規制するよう期待した。たとえば紀州藩の七里役の半纏のデザインは上り竜に下り竜と竹に虎、津山藩は牡丹に獅子、松江藩は雲竜、松山藩は竹に虎であった。尾張藩は紀州藩と同じであったという。しかし、七里役と一目でわかるこの印半纏は、かえって彼らの威勢を誇示する結果になり、ますます傍若無人ぶりを募らせた。

とくに尾張・紀州の七里役は、将軍家に準じる御三家の威光が背景にあるだけに、その権勢はひときわ顕著であり、七里役所でなにをしようとも、宿役人にはほとんど手がつけられなかった。七里役のなかには、七里役所がこうした治外法権的な存在となっていることをよいことに、無宿者などを大勢集めて、悠々と賭博《とばく》を開帳する者が多かった。

尾張藩の七里役の身分は中間で、中間頭の支配に属した。封禄は五石二人扶持であった。七里役所一ケ所に一年ずつ勤務し、東海道を股にかけるように四ケ所ほど転勤し、五年目には名古屋に引き揚げた。浜島庄兵衛の父富右衛門は、この七里役であった。

庄兵衛がいつごろからぐれだしたかはわからない。父の富右衛門に勘当され、無宿者になったのがいつかもわからない。しかし彼が育った環境を、父が勤務した七里役と結びつければ、ごく自然に七里小屋（役所）などに出入りして博奕《ばくち》を覚え、ゆすり・たかりや盗みの悪に染まっていった事情が理解できるであろう。やがて大勢の配下を率いて、舞坂・浜松・見付・掛川・金谷の宿々を中心に強盗を働くようになった。

全国指名手配

延享年間に入ると浜島庄兵衛の一味は、東海道の見付宿やその近在を中心に、金持ちの家とみれば押し入り、金銀を強奪した。これに対して延享元年（一七四四）七月、支配の中泉代官大草太郎左衛門は、「近来方々にて盗賊押込等これ有る由に候間、随分用心致すべく候」として、夜盗が押し入ったときは、なにか鳴り物をならして合図せよとか、不審者を宿泊させるなと令した（磐田市誌編纂委員会『中泉代官』）。

さらに翌延享二年三月には、盗賊が押し入ったときは拍子木かほら貝などをならせと指示しており、同年閏十二月には、「近来も所々にて盗賊押取等これ有る由」と、依然として盗賊が横行している事実を認め、これら悪党を宿泊させたり博奕の宿を提供したりせぬよう触れている。中泉代官の盗賊取り締まりは、具体的にはこの程度の触書を出すことしか打つ手がなかったらしく、庄兵衛一味の横行は、ますます目にあまるようになった。

明くる延享三年九月、ついに江戸幕府の中枢においても事態を黙視することができなくなり、盗賊改の徳山五兵衛秀栄に庄兵衛一味の追捕を命じた。徳山五兵衛は早速、磯野源八・堀内十次郎ほか配下数名を遠州に派遣し、見付宿の一味のアジトを急襲させた。その結果、庄兵衛の手下の赤池法印養益・無宿者弥七ら十一名を逮捕することができた。九月二十日夜のことといわれる。

しかし首領である肝心の庄兵衛を、このとき取り逃がしてしまった。翌二十一日には、代官役所からの緊急のお触が見付宿近在の村々に廻達された。

日本左衛門儀、見付宿に於いて取り逃がし候間、町在所々にて見当り次第捕え置き候様に、盗賊奉行徳山五兵衛組磯野源八方より断りこれ有り候、これに依り別紙人相書躰の者、其村々へ参り掛り候はば捕え置き早々注進申し出ずべく候

さすが大盗人である。そうやすやすとは捕えられなかった。当局のあわてぶりが、触書の文面ににじみ出ているが、人相書まで配付しての必死の捜査が始まった。なお副首領格の中村左膳も、このと

き追捕の手から逃れている。

逮捕を免れた浜島庄兵衛の行方は、当局の懸命な探索にもかかわらず、杳《よう》としてつかめなかった。周辺村々の厳重な監視体制の網に、かれがかからないということは、すでに見付宿周辺には潜伏しておらず、どこかへ高飛びしている可能性が大きいと当局はみた。

事実、木曾福島の関所を預かっていた山村家の記録によれば、庄兵衛は十月四日に奈良井宿の山屋又蔵という宿屋に泊り、翌朝、贄川宿に向ったことが、のちの調査で明らかにされている。十月初旬には、彼は木曾路を逃走中であった。遠州だけの地域的な指名手配では効果がなかったのである。

そこで幕府は十月の半ば（『正宝事録』所収の当該江戸町触の日付は十六日）に、次のような人相書の手配書を、天領・私領の別なく全国に触れた。全国指名手配である。

十右衛門事
浜島庄兵衛

一　せい五尺八九寸程
　　小袖くしらさしにて三尺九寸

一　歳弐拾九歳
　　見かけ三拾壱弐歳に相見え候

一　月額濃く　引疵壱寸五分程

一　色白く歯並常の通
一　鼻筋通り
一　目中細
一　貌おも長なる方
（中略）
右の者、悪党仲ケ間にては異名日本左衛門と申し候。其身は曾て左様に名乗り申さざる由。右の通りの者これ有るにおいては、其所に留め置き、御料は御代官、私領は領主・地頭へ申出で、それより江戸・京・大坂向寄りの奉行所へ申達すべく候。尤も見及び聞き及び候はば、其段申出ずべく候。若し隠し置き、後日脇より相知れ候はば曲事たるべく候。

この全国指名手配書の内容をみると、浜島庄兵衛の身長・年齢・人相が記されており、引用が長くなるので中略した部分には、逃走時の服装と所持品・脇差の特徴などが詳細に記されている。

江戸時代の日本人は一般に背がそれほど高くなかったから、身長一七五センチメートル以上もあった庄兵衛は、当時としてはたいへん目立つ大男であった。そのうえ色白の面長な顔で、鼻筋通って切れ長の細目ときては、なかなかの男前であったと推察される。さらに濃い月額《さかやき》に五センチメートルほどの向こう疵がすごみをきかせ、未だ二十九歳とはいえ、大盗賊団の首領としての威厳・風格を備えた人物だったようである。

逃走時の服装も、「こはくびんろうし綿入れ小袖、但し紋所、丸の内に橘」「下単物、もへぎ色袖、紋所同断」「同（下単物）、白郡内ぢばん」という、盗賊に似合わぬスタイルであった。所持品の鼻紙袋は萌黄《もえぎ》色の羅紗《ラシャ》、印籠には鳥の蒔絵《まきえ》がほどこされていた。

異名の日本左衛門は、盗賊仲間から呼ばれていた、いわば尊称であり、自分から日本左衛門を名乗ったことはまだ一度もないという記事は、庄兵衛の人物の大きさを暗示している。

この指名手配書は、幕府が編纂した法令集『御触書宝暦集成』に収録されており、この事件がいかに大事件であったかをうかがうことができよう。見付宿で捕り手追跡の危地を脱した庄兵衛自身は、木曾路から美濃に入り、さらに関西各地を転々としたが、人相書が全国津々浦々にまで行きわたっては、すでに身の置き所もなく、もはや悪運もこれまでと、翌延享四年正月に京都町奉行所へいさぎよく自首して出た。

そこで幕府は翌二月早々、「見当り次第召捕え候様、旧冬相触れ候えども、京都において庄兵衛儀出で候間、最早其儀に及ばず候」と、先の全国指名手配の解除をわざわざ触れている。

逮捕された庄兵衛は、延享四年正月十六日に京都から江戸へ護送され、幕府のきびしい吟味をうけた。その結果、三月十一日に江戸中引き廻しのうえ、伝馬町の牢内で打首となった。さらにその首は、一味の根拠地であった遠州見付宿で、手下の牢人平四郎こと中村左膳、駿州岩淵村生まれの無宿者弥七、紀州家七里役の中村唯助らとともに獄門にかけられ、一件は落着した。

代官所の構成員数

元締手代	2人
並手代	8
書役	2
侍	3
勝手賄	1
足軽	1
中間	13
計	30

天領と私領と

一件は落着したが、この事件が幕府に与えた衝撃は強烈であった。だいいち、浜島庄兵衛の一味は、なぜなかなか捕まらなかったのであろうか。この事件は、いみじくも幕府の支配機構の弱点をさらけだす形になった。一味が根城とした遠州見付宿は、幕府直轄領（天領）で代官支配地である。実は代官所は、年貢取り立てなどの民政事務を主とし、治安対策上の軍事機能を発揮するための武力保持は、まことに弱体であった。

元文元年（一七三六）の「御代官入用積之覚」（『日本財政経済史料』所収）という史料によれば、五万石支配の標準的な幕府代官所の職員構成は表のとおりである。いかめしい代官役所と称したところで、三十人そこそこの員数である。

代官属僚の筆頭は元締で、手代のなかから選任された。手代は、代官が支配地において事務能力のある農民またはその子弟などから抜擢《ばつてき》採用する場合が多かった。書役は事務見習、侍は書役の補佐、勝手賄は台所係である。足軽・中間は、番衛や雑役を行う軽輩の下士であった。

このように筆算にすぐれた職員中心の代官所では、大小（刀）を帯した腕っぷしの強い盗賊集団を取り締まる能力はなかった。これが大名領の場合、同じ五万石支配の大名ならば、およそ千人ほどの武士を常備しており、その軍事力が領内の治安を維持していた。

天領は、私領（大名領・旗本領）にくらべて明らかに手薄であり、盗賊たちのよい隠れ家にもなった。帆足万里は『東潜夫論』において、「代官・郡代ナド中役、唯年貢取立ノミヲ事トシ、武威ナキユエ治メ方行届カズ。手代元締メハ日傭取《ひようとり》ナリ。日傭取ニ民ヲ治メシムルコト、和漢共ニナキコトナリ。故ニ公料ノ地ホド埒《らち》ナキモノハナシ。唯盗賊奸人《かんじん》ノ隠家トナルノミナリ」と、いみじくも指摘している。庄兵衛一味は、このように警備手薄な天領を根城として行動したため、なかなか逮捕されなかった。

もっとも遠州の大名領も、盗賊の取締りはルーズであった。掛川藩主（のち棚倉藩主）の小笠原長恭は、一件落着後の延享四年三月十六日から四月六日まで、盗賊取締り等閑の咎で江戸城への出仕をとどめられた。

浜島庄兵衛の一味が掛川領内の民家にしばしば押入ったにもかかわらず、幕府に届け出ず、また盗賊を召捕えようともしなかった落度が責められたのである。

彼らが長期間盗みを働くことができたもう一つの理由は、この地域は天領・旗本領・大名領の入り組みになっており、当時の警備がそれぞれ自分支配地に限っていたことを計算に入れて行動していたためであった。

延享三年九月に提出された遠州豊田郡の村々の被害届けによれば、たとえば大池村宗右衛門は金千両と衣類六十四点、山崎村丑之助は金千両と衣類や脇差五腰、片瀬村弥次兵衛は金四百両、赤池村源右衛門は金五十両と衣類・脇差、平松村小右衛門は金三十両と衣類三十点等々、その数は筆紙に尽くしがたいとあり、支配関係も天領・旗本領・大名領などさまざまであった。

事実、遠州には浜松藩・掛川藩・相良藩・横須賀藩などの大名領があり、その間に天領と旗本領がこま切れに散在していた。「元禄御帳」によれば、遠江国の総石高三十二万石余の内訳は、天領が九万石弱（二七パーセント）、三十六人の旗本領が十一万石余（三四パーセント）、五人の大名領が十二万石余（三七パーセント）、そのほか寺社領となっている。前出の帆足万里の言をかりれば、「公料ノ諸侯ノ邦ニ犬牙シテ、切々ニナリオル」という、まさに犬牙錯綜の状態であった。庄兵衛一味は、大名領で盗みを働いては天領・旗本領に逃げ込み、また天領で盗みを働いたときには大名領・旗本領に逃げ込むというように、警備・取締りの盲点を巧みについて悪事を重ねたのである（大石慎三郎『享保改革の経済政策』）。

これが盗賊騒動ではなく、百姓一揆であったらどういう混乱を招いたか。幕府にとっては、そのほうが事態はより深刻である。これ以後、幕府は天領支配のあり方、および百姓一揆対策に真剣に取り組むことになった。

浜島庄兵衛の一味が、長い間暴れ回ることができた背景には、もう一つの理由があった。彼らがさかんに盗みを働いた延享元年から同三年にかけての幕閣の動向をみれば、すぐ理解できることである。要するにタイミングが幕府にとっては悪く、逆に庄兵衛盗賊団にとっては、まことに都合のよい時期であった。

この時期は、いわゆる享保改革の最末期にあたり、延享二年九月には、改革のリーダーであった八代将軍吉宗が引退し、子の家重が九代将軍に就任した。ちょうど将軍交代の時期であった。しかも家重は病弱のため、将軍としての統治力に不安を抱く者が多かった。

そのうえ、吉宗引退の翌十月には、二十二年余りにわたって吉宗の改革政治を支えてきた老中松平乗邑《のりさと》が失脚し、幕閣内部は非常な混乱に陥った。お蔭で、庄兵衛の逮捕に幕府が本腰を入れられるようになるのは、それから一年もたってからのことである。そういう政治的空白期をついて、庄兵衛は大いに盗みを働いたのである。

しかも、これはあくまでも推測の域を出ないが、庄兵衛はこうした幕閣内部の情報を、刻々とキャッチしていたのではないかと思われる。庄兵衛が股にかけた街道筋というのは、本来さまざまな情報が集まる所である。そのうえ彼が江戸・名古屋間の情報伝達役である七里役人の子に生まれた環境から、江戸の町や幕政の動向に関する情報を、人より早く収集する術を会得していたに相違ない。また庄兵衛のブレーンには、例えば、京都の宮様の近習役を勤めることができる中村左膳のような相当な知識人がおり、彼らからの情報も大いに役立ったであろう。

延享三年九月二十日、幕府盗賊改の徳山五兵衛の配下の者に、見付宿のアジトを急襲された際も、日頃から張りめぐらしてあった鋭敏な情報網に助けられ、庄兵衛は逃亡することができたのではなかろうか。

戦国に出なば諸侯

日本左衛門こと浜島庄兵衛は、後世、義賊として伝承されている面が強い。旗本の森山孝盛が享和《きようわ》二年（一八〇二）に書いた、『賤のをだ巻』には、「正しき家には入らず、邪に金持栄ふる家をめがけて入たり」とある。すなわち不正の蓄財をした富家にのみ押し入ったというのである。

また『倭紂書《わちゆうしよ》』という書には、「盗人共、大分金子遣捨て申すに付、其所の勝手に成り候故、差し置き候やうに存じ奉り候。日本左衛門儀、至極智恵深く、威勢強く、人を手なづけ候。徒党仕り、武家方をも恐れず徘徊仕り候」と記されている。ここにも、彼の義賊性が指摘されている。盗んだ金を地元で派手に遣ってくれ、地元経済が潤ったので、盗賊と知りながら地元民は彼らを追い出すようなことはしなかった。不正の金持から金を強奪し、その金を一般庶民に循環させる。まさに義賊としての面目躍如たるものがある。しかも金持から貧乏人へという金の流れは、経済の平等化の機能をも果たしており、ある意味で、世直しの推進者としても評価できよう。

もう一つ、『倭紂書』の引用記事で注目すべきは、庄兵衛一味が武家を恐れずに徒党し徘徊《はいかい》したという点である。当時、絶対の権力者であった武家を恐れぬ集団がいたということは、たとえその集団が盗賊であろうともたいへんなことである。放っておけば百姓一揆どころではない。内乱にまで発展する可能性があった。

以上は、いずれも浜島庄兵衛に対する後世の伝承的評価である。その実像は、やはり盗賊であり、金持とみれば見さかいなく押し入り、しかも婦女をも陵辱したという。したがって、その義賊性や世直し推進者としての側面は、あくまでも虚像である。しかし大盗賊浜島庄兵衛の実像の虚像化には、民衆のある種の願望がこめられているような気がしてならない。

ただし、浜島庄兵衛も、その第一の腹心である中村左膳も、ともになかなかの人物であったようだ。京都町奉行所の与力であった神沢杜口《かんざわとこう》は、その著『翁草』に庄兵衛と左膳に関する貴重な体験談を記している。

すなわち延享三年十二月に、逃亡中の中村左膳は、京都の梶井宮御門主の近習となっているところを逮捕された。神沢杜口は、この囚人中村左膳を京都から江戸まで護送する役を仰せつかったのである。同十二月十七日に京都を発ち、二十七日に江戸に到着するまで、十一日間、杜口は左膳と接したのである。杜口の左膳評は、「小男にて至て柔和なる美男なり。宮方御近習などには尤も相応の人体なり。更に賊の類とは見えず」と、非常に賞めている。

翌延享四年正月、無事任務を終えて京都に帰る途次、神沢杜口は浜島庄兵衛の自首のことを知った。そして正月十六日に京都を発った庄兵衛護送の一行と、ちょうど大津宿ですれちがった。杜口は護送役人にことわって、網越しに庄兵衛と対面したが、そのときの印象を「兼て人相書に記せる通り、人品剛健たる大兵」と記し、「此徒、戦国に出なば、諸侯に成る大盗の類ならん」と感想を述べている。

実際に会った人の話だから、これほど確かなことはない。

杜口の庄兵衛に対する感想は、戦国時代に生まれていたら、剛健な戦国大名になっていたであろうというのである。もし仮に、織田信長や豊臣秀吉と同時代人であったなら、庄兵衛はあるいは天下取りを彼らと競ったかも知れない。

あだ名の「日本左衛門」は、それこそ日本一すぐれた男の意であり、天和《てんな》二年（一六八二）に使用を禁じられた「天下一」という言葉に相通じる。彼はこの世に生まれるのが、一世紀半遅かったのである。

日本左衛門こと浜島庄兵衛は、やはり並みの人物ではなかったらしい。単に武芸が秀でていたばかりではない。美濃に潜伏中は俳諧の宗匠をしており、盗賊であることを見破られなかったというエピソードがあるくらいだから、文化的素養も相当すぐれていたとみえる。

『笠松町史』に「日本左衛門の隠れ家」という一節がある。以下にその記述を要約するが、史料的根拠を全く示していないので、史実というより逸話といった方がよいように思われる。

これによれば、庄兵衛は美濃と遠州の間を行ったり来たりしており、美濃では笠松の円七方（芝居の座元）や五和野の伊藤茂太夫方（のち垂井に転店して茶屋を経営）をアジトにしていたという。中村左膳は、庄兵衛が笠松の円七方に潜伏中に訪ねてきて手下となり、三年後に二十三歳で処刑されるまで強盗を働いたとある。

庄兵衛は、竹枝の号で俳諧をたしなんでいたので、俳諧師という触れこみで身をひそめていたが、俳諧仲間の加茂郡深萱村の富農惣十郎は、最後まで庄兵衛が大盗賊であることを知らなかったという。

日本左衛門の義賊伝承は、こうした彼のすぐれた人物像からも生まれたようだ。しかも江戸時代後期ともなれば、士農工商の身分的に固定した社会に窒息しそうな民衆は、下剋上的な内乱を期待し、社会的な流動化を望むようになった。そうした民衆の反権力的な心情を、武家を恐れぬ盗賊日本左衛門に仮託したところに、「盗みはすれど非道はせじ」という義賊日本左衛門の虚像が、つくりあげられていったのではなかろうか。

あとがき

徳川家康が天下を統一して約一世紀を経た元禄時代、戦乱の世は遠ざかり、「憂き世」から「浮き世」へ、世はまさに太平謳歌の時代となった。

しかし、外見上は戦さのない太平の時代となったが、内実は、政治的にも経済的にも社会的にも、大きな転換期に元禄という時代は立たされていた。

平和が続けば経済は成長する。この時代、麻から木綿へという大衆衣料の大変革や、材木を大量消費する建設ラッシュなどを背景として、町人の経済が大いに伸長し、さまざまなタイプの商人が大活躍をした。しかしその陰には、新しい経済の流れにうまく乗り切れずに脱落していく町人たちもいた。一方、戦争を知らない世代が主流となった武士の世界でも、大きな変化が生じた。城の警固などを勤める番方武士（武官）に代わって、行財政に堪能な役方武士（文官）が重きをなすようになった。

このような大きな変動が、武士や町人の社会に起き、その浮沈が元禄の多彩な人間模様を映し出すとともに、元禄文化という大輪の花を咲かせた。

本書が意図したこうしたコンセプトを、どれだけ、わかりやすく丁寧に描くことができたか、いま擱筆するに当たり、はなはだ忸怩たる思いである。農民や職人の社会について、あるいは元禄文化そのものについて等々、書き残した部分も多い。

本書のベースとなったのは、一九九一年から九二年にかけて、「元禄時代再発見」と題して、月刊誌『ビジネス・インテリジェンス』に八回（第四五号〜第五一号、第五三号）にわたって連載した拙稿である。数年前、角川書店編集部の宮山多可志氏から、この拙稿をもとに一書をまとめるようお勧めいただいた。その時は有難いお話と、気軽に引請けてしまったものの、定年と相前後する気ぜわしい時期と重なったためもあって、筆は遅々として進まなかった。かなり間をおいて、一節ずつ細々と書きためるといった体《てい》たらくで、思わぬ時間を費やしてしまった。長い時の経過もあって、そのうちには、すでに公表したものも二、三ある。

この間、編集担当も宮山氏から石井隆司氏、さらに財津法子氏へと代わった。この三氏の連携による、長期にわたる忍耐強い、温かい励ましにより、さしもの遅筆城もお詫びと感謝の念を一杯にしながら、ここに開城するに至った。とくに、最後の城攻めから城請取り役までを担当した財津氏には、たいへんなご苦労をおかけし、特段のお世話になった。末尾ながら、記して謝意を表する次第である。

以上

二〇〇〇年一月

竹内　誠

『元禄人間模様』を読む

深井雅海

故竹内誠氏は、江戸時代の政治史・経済史・文化史などを幅広く研究されてきた、歴史学の大家である。その一方で、一般向けの著作や講演なども多く、文章のわかりやすさや、ファンがいるほどの話のうまさに定評があった。本書は、一九九一年から九二年にかけて、「元禄時代再発見」と題して、月刊誌の『ビジネス・インテリジェンス』に連載された原稿に加筆したものである。

元禄時代は、よく知られているように、五代将軍徳川綱吉の時代である。綱吉時代から田沼時代までの江戸時代中期一〇〇年間は、幕藩制が比較的安定していたため、経済が発展し、また文化も発達した時期にあたる。したがって元禄期は、天下太平の先駆けともいえる時代である。本書は、この時期の特徴を五章十四節にわたって叙述している。

一章「かぶく世界」は、三節に分かれる。「「天下一」の禁令」では、天和二年（一六八二）七月に発令された、「天下一」という文字を商品や看板等に記してはならないという法令をとりあげる。当時、商品の販売促進のため、天下一の文字を記すことが大いに流行したらしい。綱吉は、これを禁止したのである。その背景として、竹内氏は新将軍綱吉の施政方針があったことを指摘している。つまり綱吉は、将軍就任早々から、将軍こそ最高の権威者であり権力者であることを示す政策を次々に打ち出し、将軍専制体制を樹立しようとした。綱吉の考えからすれば、天下一は将軍一人でよく、町人などがやたらと天下一を称することは困るのである。

二節「かぶき者の横行」は、異様な服装で遊俠《ゆうきょう》的な行動を誇示した「かぶき者」の話である。江戸初期以来、こうしたかぶき者が市井を横行し、刃傷《にんじょう》沙汰や喧嘩沙汰を起こして一般民衆にも迷惑をかけていた。幕府は、たびたびかぶき者禁止の法令を出して取り締まったが、ほとんど効果がなく、事態は変わらなかった。綱吉は、これに対して本格的な弾圧を行ったのである。すなわち、施政六年目の貞享三年（一六八六）頃、幕府は江戸の無頼の徒二〇〇名余りを一斉に検挙し、その中心人物十一人を極刑に処すという大弾圧を行っている。その結果、殺伐とした戦国の余風は大いに衰えたという。

三節は、「刃傷沙汰の世」である。ここでは、当時の世間の噂話を書き留めた『鸚鵡籠中記《おうむろうちゅうき》』・『世間咄風聞集《せけんばなしふうぶんしゅう》』に掲載された五例の、喧嘩から刃傷沙汰を起こした事件が紹介されている。この時代、武士だけでなく百姓の世界でも、命を惜しまぬ気風が残っていた。

二章「赤穂事件」も、三節に分かれる。一節は、有名な「松の廊下刃傷事件」である。幕府は、毎年正月、将軍の名代を京都に派遣して朝廷に年頭の祝賀を申し述べたが、朝廷はこれに対し、毎年三月に答礼として勅使と院使を江戸に下向させた。元禄十四年（一七〇一）の勅使の接待にあたる馳走《ちそう》役《やく》が、播州《ばんしゅう》赤穂《あこう》藩主浅野《あさの》内匠頭《たくみのかみ》長矩《ながのり》であり、その指導・連絡にあたるのが、高家の吉良《きら》上野介《こうずけのすけ》義央《よしなか》であった。事件は、三月十四日に、白書院《しろしょいん》において将軍が勅書に対する謝礼を勅使らに述べる儀式が始まる少し前の午前十一時頃、松の廊下で起こった。当日、御台所《みだいどころ》からの贈り物を届ける使者を務めることになっていた、留守居番の梶川《かじかわ》与惣兵衛《よそべえ》頼照《よりてる》が、松の廊下で吉良義央と立ち話をしていたところ、突然吉良の背後から、浅野長矩が「この間の遺恨覚えたるか」と大声をかけ、刃傷に及んだ。

事件後、浅野は切腹を申し付けられ、御家断絶となった。一方、吉良に対しては何の御咎《おとが》めもなく、手疵《てきず》を養生するようにとの将軍からの言葉が伝達された。吉良は浅野と殿中で口論したわけでもなく、刀を抜いて防戦もしていないので、浅野のみを処分し、吉良は御構いなしとした幕府の処置は、当然のことであった。しかし、吉良の不正なやりかたに原因があったとする説が世間に広まると、浅野への同情論が強まり、幕府の処置は片落ちであるという声がしだいに高くなった。こうした風潮を背景に、赤穂浪士による吉良邸への討入りが行われた。

二節は、その「吉良邸討入り事件」である。浅野家再興の望みを捨てていなかった元家老の大石《おおいし》内蔵助《くらのすけ》は、急進派の堀部《ほりべ》安兵衛《やすべえ》らを押さえていたが、元禄十五年七月にその望みは完全に断たれたため、ここに至って、大石も仇討ちを決意した。浪士たちは江戸府内の各所に潜居して機会をうかがっていたが、十二月十五日の未明、四十七士が吉良邸に討入った。およそ二時間の戦闘ののち、吉良方の死者は義央はじめ十七名、負傷者は二十八名、一方浪士方は負傷者はいたものの軽傷であった。この事件は、大評判の美談として一日のうちに江戸中に広まった。赤穂浪士は四つの藩に分散して預けられたが、幕府は即刻の処分は出さず、一か月半後の元禄十六年二月四日に切腹を命じた。さらに、今回は吉良の領地を没収して改易とし、喧嘩両成敗の処分となったのである。

三節の「赤穂因縁話」は、四つの因縁話などで構成される。一話では、跡継ぎがなく改易となった、備中《びっちゅう》松山藩主水谷《みずのや》家の城請取りの使者役を務めたのが浅野内匠頭であり、その内匠頭の菩提寺泉岳《せんがく》寺《じ》は、水谷家の墓所でもあったこと、二話では、吉良が負った傷の手当をした外科医の栗崎道有《くりさきどうゆう》の墓は、吉良家の菩提寺の万昌院であること、三話では、享保六年（一七二一）、下人直助に殺された町医師中島隆碩《りゅうせき》は、討入り間近に逃亡した赤穂浪士の小山田庄左衛門《おやまだしょうざえもん》であったこと、さらに四話では、寛延元年（一七四八）に初演された『仮名手本忠臣蔵《かなでほんちゅうしんぐら》』は、実説・虚説織り交ぜた波瀾万丈のストーリーであるが、この芝居によって、浅野びいきの心情が定着したことが明らかにされる。

三章「弓馬から忠孝へ」のタイトルは、武家諸法度の第一条に示される、四代将軍家綱時代から五代将軍綱吉時代への変化を表す言葉である。綱吉は、将軍権威を強化して、身分秩序の維持を求めた。

一節「元禄の政治と武士たち」では、将軍権威を高めるため、将軍就任早々、越後高田騒動の裁判をやり直したことが記される。もう一つ、元禄政治の大きな特徴が、武をもって勤める番方《ばんかた》より、行政官である役方《やくかた》が重視されるようになったことである。綱吉は、役方の機構の整備に尽力したのである。元禄政治の特色は他にもある。在野のすぐれた儒者や医者など技芸に秀でた人材の登用である。二節「芸者と芸術」では、こうした人物が紹介される。召し出された人物は医者が圧倒的に多いが、なかには、朱子学者の木下順庵《きのしたじゅんあん》、吉川神道の吉川惟足《よしかわこれたり》、天文方の保井算哲《やすいさんてつ》、歌学者の北村季吟《きたむらきぎん》、東廻り・西廻り航路の開発者河村瑞賢《かわむらずいけん》など、今日でも名の知れた人物がいた。

三節は、悪法として知られる「〝生類憐みの令〟への抵抗」である。将軍綱吉は、就任当初から儒学や仏教の教えによる人心教化に努めたが、生類憐みの令もその一環であった。対象となった生類は鳥類から魚介類にまで及んだが、法令は牛馬や犬に関するものが多い。そのため、人々は後難を恐れ、捨てられた野犬が急増した。これは消極的な抵抗であったが、犬を磔《はりつけ》や獄門の刑に処した者も現れた。生類憐みの令に違反したかどで処罰され、一家が離散した者は数十万人にものぼったといわれる。法令を、観念的・偏執的に適用したところに問題があったといえよう。

四章「江戸の社会と経済――江戸と上方」は、四節に分かれる。一節「紀文と奈良茂」は、元禄という時代を背景に一代で豪商に成り上がった、紀伊国屋文左衛門《きのくにやぶんざえもん》と奈良屋茂左衛門《ならやもざえもん》の話である。彼らはなぜ一代にして大金持になれたのか、また、なぜ元禄時代を過ぎた途端に衰退していったのか、その理由が明らかとなる。それにしても、豪遊したにもかかわらず、奈良茂の遺産が十三万両余にのぼったことには驚かされる。

元禄期は、初期特権商人から新興商人への交代がみられた時代でもある。二節「江戸店持の上方商人の台頭」では、その仕組みが明らかにされる。要因として、受動的・消極的な荷受問屋から、自らの資金と才覚によって利潤を追求する能動的・積極的な仕入問屋への、大きな変換があるという。とくに、上方に本店あるいは仕入店をもち、そこから仕入れた商品を販売する仕入問屋商人が、江戸商業市場の中心的な存在になったのである。

三節「藩政改革請負屋・松波勘十郎」では、藩の赤字財政を建て直すため、藩政改革に尽力した人物が紹介される。松波は農民出身で庄屋を勤めたのち、代官の手代に登用され、その後江戸に居住して旗本らの検地奉行を勤め、打出しに成功したという。こうした活躍が大名の耳にも入り、下総高岡《しもうさたかおか》藩など六つの藩政改革を請け負い、ついに、御三家の水戸藩の「宝永の改革」の中心人物として大活躍したが、最後は逮捕されて獄中死した。元禄期には、こうした型破りな人物もいたのである。

四節「元禄の勧進相撲」は、三都での相撲興行の話である。元禄期に江戸・京都・大坂の三都で勧進相撲が再開されたこと、これは新市街地化の振興政策の一環であったこと、円型土俵の成立によって相撲が面白く奥深いものになったこと、などが生き生きと語られる。竹内氏は、現在の大相撲の砂かぶり席をキープするほどの相撲好きであった。また八年間、日本相撲協会相撲教習所の講師を務められたことがある。こうしたことから、生前相撲についての新書を書きたいとうかがったことがある。上梓されなかったことはとても残念である。

「問われて名乗るもおこがましいが……」の名セリフで知られる歌舞伎の「白浪五人男《しらなみごにんおとこ》」、この賊徒の首領日本駄右衛門には実在のモデルがいた。最終章の五章「歴史における虚像と実像」は、そのモデルとなった「日本左衛門」こと浜島庄兵衛の実像を記す。彼は、八代将軍徳川吉宗時代の後期に、大勢の手下を率いて東海道筋を荒らしまわったため、幕府は全国に指名手配し、観念した彼は、自首して打首・獄門となった。この庄兵衛は、後世義賊として伝承されている面が強いが、その実像は、金持とみれば見さかいなく押し入った盗賊であったという。

本書は、江戸時代の大きな転換期にあたる、元禄期の多彩な人間模様を実にわかりやすく描いた良書といえよう。

（徳川林政史研究所所長）

本書の原本は、二〇〇〇年に角川書店より刊行されました。

著者略歴
一九三三年　東京都に生まれる
一九六四年　東京教育大学大学院博士課程単位取得退学
東京学芸大学教授、徳川林政史研究所所長、東京都江戸東京博物館館長などを歴任
二〇二〇年　没

〔主要編著書〕
『大系日本の歴史10　江戸と大坂』（小学館、一九八九年）、『日本の近世14　文化の大衆化』（編著、中央公論社、一九九三年）、『江戸の盛り場・考』（教育出版、二〇〇〇年）、『徳川幕府と巨大都市江戸』（編著、東京堂出版、二〇〇三年）、『寛政改革の研究』（吉川弘文館、二〇〇九年）、『江戸社会史の研究』（弘文堂、二〇一〇年）

読みなおす
日本史

元禄人間模様
変動の時代を生きる

二〇二四年（令和六）七月二十日　第一刷発行

著　者　竹《たけ》内《うち》誠《まこと》
発行者　吉川道郎
発行所　株式会社　吉川弘文館
郵便番号一一三―〇〇三三
東京都文京区本郷七丁目二番八号
電話〇三―三八一三―九一五一〈代表〉
振替口座〇〇一〇〇―五―二四四
https://www.yoshikawa-k.co.jp/
組版＝株式会社キャップス
印刷＝藤原印刷株式会社
製本＝ナショナル製本協同組合
装幀＝渡邉雄哉

ISBN978-4-642-07645-6

刊行のことば

現代社会では、膨大な数の新刊図書が日々書店に並んでいます。昨今の電子書籍を含めますと、一人の読者が書名すら目にすることができないほどとなっています。ましてや、数年以前に刊行された本は書店の店頭に並ぶことも少なく、良書でありながらめぐり会うことのできない例は、日常的なことになっています。

人文書、とりわけ小社が専門とする歴史書におきましても、広く学界共通の財産として参照されるべきものとなっているにもかかわらず、その多くが現在では市場に出回らず入手、講読に時間と手間がかかるようになってしまっています。歴史の面白さを伝える図書を、読者の手元に届けることができないことは、歴史書出版の一翼を担う小社としても遺憾とするところです。

そこで、良書の発掘を通して、読者と図書をめぐる豊かな関係に寄与すべく、シリーズ「読みなおす日本史」を刊行いたします。本シリーズは、既刊の日本史関係書のなかから、研究の進展に今も寄与し続けているとともに、現在も広く読者に訴える力を有している良書を精選し順次定期的に刊行するものです。これらの知の文化遺産が、ゆるぎない視点からことの本質を説き続ける、確かな水先案内として迎えられることを切に願ってやみません。

二〇一二年四月

吉川弘文館

読みなおす
日本史

時計の社会史　角山　榮著　二二〇〇円
漢　方　中国医学の精華　石原　明著　二二〇〇円
墓と葬送の社会史　森　謙二著　二四〇〇円
悪　党　小泉宜右著　二二〇〇円
戦国武将と茶の湯　米原正義著　二二〇〇円
大佛勧進ものがたり　平岡定海著　二二〇〇円
大地震　古記録に学ぶ　宇佐美龍夫著　二二〇〇円
姓氏・家紋・花押　荻野三七彦著　二四〇〇円
安芸毛利一族　河合正治著　二四〇〇円
三くだり半と縁切寺　江戸の離婚を読みなおす　高木　侃著　二四〇〇円
太平記の世界　列島の内乱史　佐藤和彦著　二二〇〇円

白　隠　禅とその芸術　古田紹欽著　二二〇〇円
蒲生氏郷　今村義孝著　二二〇〇円
近世大坂の町と人　脇田　修著　二五〇〇円
キリシタン大名　岡田章雄著　二二〇〇円
ハンコの文化史　古代ギリシャから現代日本まで　新関欽哉著　二二〇〇円
内乱のなかの貴族　南北朝と「園太暦」の世界　林屋辰三郎著　二二〇〇円
出雲尼子一族　米原正義著　二二〇〇円
富士山宝永大爆発　永原慶二著　二二〇〇円
比叡山と高野山　景山春樹著　二二〇〇円
日　蓮　殉教の如来使　田村芳朗著　二二〇〇円
伊達騒動と原田甲斐　小林清治著　二二〇〇円

読みなおす日本史

地理から見た信長・秀吉・家康の戦略
足利健亮著　二二〇〇円

神々の系譜 日本神話の謎
松前　健著　二四〇〇円

古代日本と北の海みち
新野直吉著　二二〇〇円

白鳥になった皇子 古事記
直木孝次郎著　二二〇〇円

島国の原像
水野正好著　二四〇〇円

入道殿下の物語 大鏡
益田　宗著　二二〇〇円

中世京都と祇園祭 疫病と都市の生活
脇田晴子著　二二〇〇円

吉野の霧 太平記
桜井好朗著　二二〇〇円

日本海海戦の真実
野村　實著　二二〇〇円

古代の恋愛生活 万葉集の恋歌を読む
古橋信孝著　二四〇〇円

木曽義仲
下出積與著　二二〇〇円

足利義政と東山文化
河合正治著　二二〇〇円

僧兵盛衰記
渡辺守順著　二二〇〇円

朝倉氏と戦国村一乗谷
松原信之著　二二〇〇円

本居宣長 近世国学の成立
芳賀　登著　二二〇〇円

江戸の蔵書家たち
岡村敬二著　二四〇〇円

古地図からみた古代日本 土地制度と景観
金田章裕著　二二〇〇円

「うつわ」を食らう 日本人と食事の文化
神崎宣武著　二二〇〇円

角倉素庵
林屋辰三郎著　二二〇〇円

江戸の親子 父親が子どもを育てた時代
太田素子著　二二〇〇円

埋もれた江戸 東大の地下の大名屋敷
藤本　強著　二五〇〇円

真田松代藩の財政改革 『日暮硯』と恩田杢
笠谷和比古著　二二〇〇円

吉川弘文館
（価格は税別）

読みなおす日本史

- 日本の奇僧・快僧　今井雅晴著　二二〇〇円
- 平家物語の女たち　大力・尼・白拍子　細川涼一著　二二〇〇円
- 戦争と放送　竹山昭子著　二四〇〇円
- 「通商国家」日本の情報戦略　領事報告を読む　角山　榮著　二二〇〇円
- 日本の参謀本部　大江志乃夫著　二二〇〇円
- 宝塚戦略　小林一三の生活文化論　津金澤聰廣著　二二〇〇円
- 観音・地蔵・不動　速水　侑著　二二〇〇円
- 飢餓と戦争の戦国を行く　藤木久志著　二二〇〇円
- 陸奥伊達一族　高橋富雄著　二二〇〇円
- 日本人の名前の歴史　奥富敬之著　二四〇〇円
- お家相続　大名家の苦闘　大森映子著　二二〇〇円

- はんこと日本人　門田誠一著　二二〇〇円
- 城と城下　近江戦国誌　小島道裕著　二四〇〇円
- 江戸城御庭番　徳川将軍の耳と目　深井雅海著　二二〇〇円
- 戦国時代の終焉　「北条の夢」と秀吉の天下統一　齋藤慎一著　二二〇〇円
- 中世の東海道をゆく　京から鎌倉へ、旅路の風景　榎原雅治著　二二〇〇円
- 日本人のひるめし　酒井伸雄著　二二〇〇円
- 隼人の古代史　中村明蔵著　二二〇〇円
- 飢えと食の日本史　菊池勇夫著　二二〇〇円
- 蝦夷の古代史　工藤雅樹著　二二〇〇円
- 天皇の政治史　睦仁・嘉仁・裕仁の時代　安田　浩著　二五〇〇円
- 日本における書籍蒐蔵の歴史　川瀬一馬著　二四〇〇円

吉川弘文館
（価格は税別）

読みなおす
日本史

- 鎌倉幕府の転換点 『吾妻鏡』を読みなおす　永井　晋著　二二〇〇円
- 奈良の寺々 古建築の見かた　太田博太郎著　二二〇〇円
- 日本の神話を考える　上田正昭著　二二〇〇円
- 信長と家康の軍事同盟 利害と戦略の二十一年　谷口克広著　二二〇〇円
- 軍需物資から見た戦国合戦　盛本昌広著　二二〇〇円
- 武蔵の武士団 その成立と故地を探る　安田元久著　二二〇〇円
- 天皇家と源氏 臣籍降下の皇族たち　奥富敬之著　二二〇〇円
- 卑弥呼の時代　吉田　晶著　二二〇〇円
- 皇紀・万博・オリンピック 皇室ブランドと経済発展　古川隆久著　二二〇〇円
- 日本の宗教 日本史・倫理社会の理解に　村上重良著　二二〇〇円
- 戦国仏教 中世社会と日蓮宗　湯浅治久著　二二〇〇円
- 伊達政宗の素顔 筆まめ戦国大名の生涯　佐藤憲一著　二二〇〇円
- 武士の原像 都大路の暗殺者たち　関　幸彦著　二二〇〇円
- 海からみた日本の古代　門田誠一著　二二〇〇円
- 鳴動する中世 怪音と地鳴りの日本史　笹本正治著　二二〇〇円
- 本能寺の変の首謀者はだれか 信長と光秀、そして斎藤利三　桐野作人著　二二〇〇円
- 餅と日本人 「餅正月」と「餅なし正月」の民俗文化論　安室　知著　二四〇〇円
- 古代日本語発掘　築島　裕著　二二〇〇円
- 夢語り・夢解きの中世　酒井紀美著　二二〇〇円
- 食の文化史　大塚　滋著　二二〇〇円
- 後醍醐天皇と建武政権　伊藤喜良著　二二〇〇円
- 南北朝の宮廷誌 二条良基の仮名日記　小川剛生著　二二〇〇円

吉川弘文館
（価格は税別）

読みなおす日本史

- 境界争いと戦国諜報戦　盛本昌広著　二二〇〇円
- 邪馬台国をとらえなおす　大塚初重著　二二〇〇円
- 百人一首の歴史学　関　幸彦著　二二〇〇円
- 江戸城 将軍家の生活　村井益男著　二二〇〇円
- 沖縄からアジアが見える　比嘉政夫著　二二〇〇円
- 海の武士団 水軍と海賊のあいだ　黒嶋　敏著　二二〇〇円
- 呪いの都 平安京 呪詛・呪術・陰陽師　繁田信一著　二二〇〇円
- 平家物語を読む 古典文学の世界　永積安明著　二二〇〇円
- 坂本龍馬とその時代　佐々木　克著　二二〇〇円
- 不動明王　渡辺照宏著　二二〇〇円
- 女人政治の中世 北条政子と日野富子　田端泰子著　二二〇〇円

- 大村純忠　外山幹夫著　二二〇〇円
- 佐久間象山　源　了圓著　二二〇〇円
- 源頼朝と鎌倉幕府　上杉和彦著　二二〇〇円
- 近畿の古墳と古代史　白石太一郎著　二四〇〇円
- 東国の古墳と古代史　白石太一郎著　二四〇〇円
- 昭和の代議士　楠　精一郎著　二二〇〇円
- 春日局 知られざる実像　小和田哲男著　二二〇〇円
- 伊勢神宮 東アジアのアマテラス　千田　稔著　二二〇〇円
- 中世の裁判を読み解く　網野善彦・笠松宏至著　二五〇〇円
- アイヌ民族と日本人 東アジアのなかの蝦夷地　菊池勇夫著　二四〇〇円
- 空海と密教 「情報」と「癒し」の扉をひらく　頼富本宏著　二二〇〇円

吉川弘文館
（価格は税別）

読みなおす日本史

石の考古学　奥田 尚著　二二〇〇円

江戸武士の日常生活 素顔・行動・精神　柴田 純著　二四〇〇円

秀吉の接待 毛利輝元上洛日記を読み解く　二木謙一著　二四〇〇円

中世動乱期に生きる 一揆・商人・侍・大名　永原慶二著　二二〇〇円

弥勒信仰 もう一つの浄土信仰　速水 侑著　二二〇〇円

親鸞 煩悩具足のほとけ　笠原一男著　二二〇〇円

道と駅　木下 良著　二二〇〇円

道元 坐禅ひとすじの沙門　今枝愛真著　二二〇〇円

江戸庶民の四季　西山松之助著　二二〇〇円

「国風文化」の時代　木村茂光著　二五〇〇円

徳川幕閣 武功派と官僚派の抗争　藤野 保著　二二〇〇円

鷹と将軍 徳川社会の贈答システム　岡崎寛徳著　二二〇〇円

江戸が東京になった日 明治二年の東京遷都　佐々木 克著　二二〇〇円

女帝・皇后と平城京の時代　千田 稔著　二二〇〇円

武士の掟 中世の都市と道　高橋慎一朗著　二〇〇〇円

元禄人間模様 変動の時代を生きる　竹内 誠著　二二〇〇円

吉川弘文館
（価格は税別）